UNE FRANCE QUI GAGNE

DU MÊME AUTEUR
AUX ÉDITIONS ALBIN MICHEL

Lettre ouverte aux coupeurs de têtes et aux menteurs du Bicentenaire, 1989.

La chienne qui miaule, 1990.

Notre Europe sans Maastricht, 1992.

Avant qu'il ne soit trop tard, 1993.

La Société de connivence, 1994.

Dictionnaire du politiquement correct à la française, 1996.

L'Aventure du Puy du Fou, 1998.

La Machination d'Amsterdam, 1999.

Vous avez aimé les farines animales, vous adorerez l'euro, 2001.

La 51ᵉ étoile du drapeau américain, 2003.

Quand les abeilles meurent, les jours de l'homme sont comptés, 2004.

Les Turqueries du grand Mamamouchi, 2005.

Les Mosquées de Roissy, 2006.

Philippe de Villiers

UNE FRANCE QUI GAGNE

éditions du
ROCHER

ISBN : 978 2 268 06148 1

Sommaire

Avant-propos

J'ai rarement vu un ciel si bas, un ciel d'encre, zébré d'éclairs puissants qui ajoutent à l'atmosphère lourde une note lugubre. Une cour d'honneur improvisée a été aménagée pour la cérémonie de levée des corps de deux gendarmes morts accidentellement dans une course-poursuite derrière un fuyard éméché.

On nous a annoncé la venue de *deux* ministres, celui de la Défense et celui de l'Intérieur, pour rendre un hommage mérité à ces deux soldats fauchés en pleine jeunesse dans l'accomplissement de leur devoir. En temps normal, un ministre suffirait. Mais, en période électorale, il en faut bien deux. Le tambour-major donne le signal. La musique s'ébranle. Les têtes pivotent. Les deux ministres arrivent. Ils descendent de la même voiture. La cérémonie, sobre, simple, solennelle, est profondément émouvante. Elle dure trente minutes. Les deux ministres saluent les familles mais ne s'attardent pas. Trois petits tours et puis s'en vont. Le cortège ministériel se reforme. Je quitte moi-même les lieux pour aller à l'aérodrome des Ajoncs. J'avais promis d'animer, le soir même, une réunion de campagne avec trente maires à Belleville-sur-Meuse, tout à côté de Verdun. Le trésorier de ma campagne voulait annuler le meeting pour ne pas avoir à payer l'avion à hélices, pourtant bas de gamme, qui devait me permettre de rallier Verdun. Devant mon insistance, à titre exceptionnel, il a cédé. Car, en temps normal, pour des raisons d'économie, c'est en voiture que j'effectue mon Tour de France, à raison de six mille kilomètres par semaine. En effet, nous n'avons ni les moyens des grands partis ni les facilités de l'État.

Alors, pour la première fois, ce ne sera plus la voiture mais un Beechcraft omnibus, ancien modèle, loué pour l'occasion.

Me voilà sur le point de monter à bord. C'est alors que survient un léger contretemps. On m'annonce que le plan de vol est retardé d'une demi-heure. Je ne serai jamais à l'heure. Alors, à quoi bon prendre un avion ?

J'interroge la tour de contrôle :

– Et pourquoi ce retard ?

On me répond avec gravité :

– Parce que les ministres repartent à la même heure, le couloir n'est donc pas libre.

Je suis condamné à attendre, au bord de la piste, derrière une main courante, dissimulé et incrédule. Car j'assiste alors à un spectacle étonnant, une sorte de « meeting aérien » : une première équipée de dix personnes monte dans un premier Falcon 900. Puis une seconde dans un deuxième Falcon 900. Rapidement, les deux avions font mouvement et se suivent en bout de piste. Ils décollent l'un derrière l'autre. Il aura donc fallu, pour le trajet Paris/La Roche-sur-Yon, aller et retour, deux avions de luxe, payés par l'État, c'est-à-dire par les contribuables. Ils sont partis du Bourget à la même heure, à moitié vides. Ils ont redécollé à la même heure ; les deux voyageurs de marque n'ont pas souhaité s'accorder pour faire l'économie d'un avion. Il aura fallu deux Falcon pour les transporter vers la même destination et aux mêmes horaires.

Pour ce voyage au parfum électoral, il n'y aura aucune trace dans le futur compte de campagne des commanditaires, aucun plafond, aucune limite, aucune obligation de financement transparent. Pendant que mon compte de campagne à moi devra retracer le moindre mouvement du premier euro de la première hélice du premier coucou. Il y a donc, d'un côté, le scrupule quotidien, l'angoisse de l'erreur d'imputation, et, de l'autre – celui des ministres candidats –, la double caisse, la campagne payée par les contribuables sans contrôle ni retenue.

La leçon de cette anecdote est éclairante : il y a bien deux relations à la France. Celle de la tempérance et du scrupule et celle de la dépense et du cynisme. Deux conceptions de la politique. Ces gens-là voyagent et se posent à peine pour écouter les gens. Ils traversent la vie comme ils traversent la France, sans la voir, sans jamais s'attarder sur ses soucis autrement que pour le 20-heures des émotions feintes. Tout le contraire de la vraie vie.

C'est à ce moment précis, dans le coucou qui me conduit vers la Meuse, que je décide de prendre la plume. J'ai envie d'écrire sur la *vraie vie*, pour que les Français puissent faire la différence entre les séductions du marketing et les ardeurs du for intime.

Au fil de la plume, me vient la suite. Sur les routes de France, entre les villes-étapes, au fil des paysages changeants, j'écris sur le redressement patriotique. Je le crois possible. La preuve…

Introduction

J'ai reçu en dépôt, inestimable, l'amour de la France. Un amour simple et fort donné par mes parents. Ma mère, catalane, originaire de Latour-Bas-Elne, me parlait de ces soleils d'enfance qui montent du midi plus haut que les montagnes, de la brique rose de Toulouse et de ses capitoules, de la gare de Perpignan et des treilles de muscat qui grimpent au seuil des logis et habillent l'ocre des façades d'une exubérance déjà espagnole.

Je suis allé récemment à Latour-Bas-Elne. La municipalité a tenu à m'accueillir à la mairie, comme un enfant du pays. « Vous êtes le seul candidat catalan », m'a-t-on lancé à la cantonade dans la salle des fêtes. J'en ai rapporté un drapeau rouge et or, je l'ai accroché dans mon bureau, en souvenir de ma mère qui est partie trop tôt, avant que je ne puisse lui raconter ce voyage émouvant aux sources de ma famille maternelle.

C'est en Vendée que ma mère avait rencontré mon père, grâce au général de Lattre, à Mouilleron-en-Pareds. Cultivant une ascendance vendéenne, elle l'attira près de son général, dans le grand Ouest. Ce fut le mariage du Midi et de l'Est.

« *Nous, dans l'Est...* », s'élançait mon père, avec fierté. Il était lorrain ; officier au Quinze-Un, le fameux régiment de la place de Metz où il lui fut donné de rencontrer tous les grands colonels du moment : de Gaulle, Giraud, de Lattre, sous les ordres duquel il servit comme jeune lieutenant. Il passa sa guerre à s'évader pour rejoindre « son colonel ».

Quatre fois évadé en vain, quatre fois repris. Au camp de représailles de Lübeck, où il fut enfermé en 1944 et où il a beaucoup souffert, il écrivait encore à son colonel pour échanger des nouvelles.

Et c'est ainsi que le jeune capitaine Jacques de Villiers découvrit, en 1945, le camp du Ruchard, près de Tours, et la colline de Mouilleron, berceau familial des de Lattre et des Clemenceau.

La maréchale de Lattre a reporté sur moi l'affection qu'elle avait pour mon père. À son décès, son exécuteur testamentaire m'a fait part de la volonté de cette grande dame admirable de courage et de dignité, terrassée dans la même année par la mort de son mari et de son fils unique, de me transmettre – honneur insigne – le moulin de Bernard de Lattre. C'était, en quelque sorte, me faire entrer à titre posthume dans la famille. Ce moulin avait été acquis, lors de la mort de leur fils, grâce à ses petites économies de jeune sous-lieutenant en Indochine ; il devait être transformé en oratoire, au milieu des sept autres moulins où Georges Clemenceau aimait à venir se distraire, enfant, et se recueillir, au soir de sa vie. Cette colline inspirée, qui domine les horizons de bocages et de plaines, réunit ainsi, dans le souvenir de ces vestiges surannés, parmi les ajoncs et les bruyères, au pied des ombres de ces moulins arrêtés à jamais dans leur mouvement de labeur et qui ont perdu jusqu'à leurs ailes, deux hautes figures qui s'effacent peu à peu avec le temps, deux vainqueurs de guerre mondiale que la Vendée a donnés à la France.

La Vendée de Mouilleron, la Vendée des Lucs-sur-Boulogne, « l'Oradour vendéen », la Vendée du Pardon, cette alchimie du sentiment qui convertit le mal en nouvelle chance, cette terre tuméfiée qui fait offrande de ses blessures, découvrant, pour ses fils, que le mot « France » est contenu dans le mot « souffrance » ; cette terre éventrée par la haine et par le feu, qui se porte à l'avant en 1914, sur une autre terre déchirée, avec son plus beau régiment enseveli dans la Tranchée des Baïonnettes. La Vendée des Poilus qui a rejoint la France aux trois couleurs. Comme beaucoup de familles françaises, la mienne a payé un lourd tribut en 14-18 : mes deux grands-pères sont morts, l'un foudroyé à la bataille du Grand-Couronné à Nancy, l'autre gazé dans la forêt d'Argonne.

C'est un Vendéen, le Tigre, qui, guêtré en terrien, ranime, en 1916, l'ardeur des soldats. Et c'est un autre Vendéen, né à deux rues du « Père la Patrie », en 1944, qui débarque en Provence et sera le premier Français à planter le drapeau tricolore sur le Rhin.

La maréchale de Lattre m'a raconté cent fois cette histoire du 7 mai 1945 : son mari vient d'apprendre que, pour le lendemain, dans la grande salle de la signature de l'armistice, il n'y aura pas de drapeau français. Et Simone de Lattre d'enchaîner :

– Au matin du 8 mai, très tôt, il appela son chauffeur et son ordonnance, en leur demandant de trouver trois chiffons, un blanc, un bleu et un rouge. Et c'est ainsi que le drapeau tricolore, confectionné à la hâte, devait flotter au-dessus de la table de la cérémonie. Le représentant allemand, le général Keitel, furieux de voir Jean sous son drapeau, maugréait : « Et en plus, il y a un Français ! »

Histoire touchante et symbolique d'un soldat sourcilleux quand il s'agit de l'honneur français. Clemenceau, de Lattre, deux caractères, deux fédérateurs.

Le premier inventa « l'Union sacrée », le second forgea « l'Amalgame » entre les soldats de métier et les soldats de fortune ; tous deux laissent, derrière eux, le sillage prometteur de deux variétés sémantiques de la fraternité française.

Enfant, j'allais visiter le musée des Deux Victoires à Mouilleron, où le drapeau blanc et le drapeau tricolore se fondaient l'un dans l'autre. La Vendée est, en fait, une miniature moderne de l'histoire de France. C'est en Vendée que les manifestations patriotiques réunissent le plus grand nombre de porte-drapeau. La Vendée est française, profondément. Un point, c'est tout. Il y a une identité vendéenne, il n'y a pas de régionalisme ou d'autonomisme vendéen.

Le temps ne s'est pas arrêté en 1794. La Vendée a sublimé sa souffrance. Le chemin creux des paysans en sabots est devenu la tranchée de Douaumont. Après le populicide perpétré par les terroristes des Colonnes infernales, il y eut la grande ordalie de 14-18. Avec vingt-trois mille conscrits vendéens qui sont morts pour la France. C'est la proportion la plus importante de vies offertes par rapport à la population, au niveau national. Ce sacrifice partagé avec les poilus de toutes les contrées de France justifie qu'on cesse l'ostracisme dont ma terre a été longtemps la victime. Le mémorial de Verdun vient d'en donner le signal en inaugurant une grande exposition sur « les Vendéens dans la Grande Guerre ».

Car beaucoup de ces jeunes gens sont restés là-bas, ensevelis vivants, baïonnette au canon, sur ces immensités de mamelons déchiquetés, où l'écorce des arbres enferme encore des éclats d'obus, où la vie s'en est allée, au point qu'il n'y a plus aucun signe d'une présence autre que végétale, pas même un battement d'aile ou un envol ; les oiseaux ne vont plus là où l'homme n'est plus.

Il a fallu attendre Alexandre Soljenitsyne pour que, le 25 septembre 1993, justice soit rendue à tous ces humbles qui, la main tremblante, entre deux obus allemands, griffonnaient à leur famille, la lettre cent fois répétée avec la même conclusion poignante : « Papa, Maman, je fais mon devoir... » Ils faisaient leur devoir, leur devoir de Français en offrant leur jeunesse et finalement leur vie à la patrie, parmi les épis mûrs et les blés moissonnés.

À l'âge de six ans, j'entendais, dans les champs voisins, les conducteurs de bœufs qui hélaient leurs bêtes : les noms de labour n'étaient pas toujours des noms de fleurs ou de fantaisie ; se glissaient, parmi les « Marguerite » ou « Bouton d'or », des noms de batailles : « Verdun »...

C'est ainsi que mes paysages intimes se sont prolongés jusqu'à ces étendues calcinées où jamais plus ne repassera la charrue. Je suis, par la Vendée, un peu de cette terre aux entrailles ouvertes, du chemin des Dames et de la Meuse endormeuse.

J'ai été meurtri, pendant longtemps, par l'injustice des quolibets sur mon nom, mes origines, mes attachements vitaux qui sont ceux d'un orphelin de guerre : depuis des années, on a, par exemple, jeté un voile de dérision sur la chevalière que je porte à la main gauche, comme si c'était une coquetterie, répondant à un souci de singularité. Or, cette chevalière n'est pas un colifichet, c'est un symbole, un trophée familial. Le chemin qu'elle a emprunté dans l'histoire, la charge d'une valeur symbolique : elle s'est évadée de Prusse, en 1870, au doigt d'un officier qui était mon ascendant ; elle est tombée de cheval, en 1914, au doigt de mon grand-père Louis, à la tête de sa compagnie, la main explosée ; puis elle a été piétinée par les nazis ; finalement retrouvée, elle s'est évadée, ré-évadée ; mon père la dissimulait dans sa bouche lors de ses interrogatoires par la Gestapo. Son parcours séculaire qui oblige celui qui la porte à penser à la France en fait, pour moi et mes enfants, un objet précieux, comme un serment d'honneur au service de la France. Qui la porte, combat.

J'appartiens à une vieille famille française, pauvre et glorieuse, une famille de soldats, qui n'a jamais eu de biens au soleil, sauf au soleil d'Austerlitz.

On m'a enseigné très tôt à aimer la France comme on aime sa propre famille ; j'ai appris, dans les replis de ses paysages, le contraste français des joies et des égarements qu'on dissimule aux plus petits ; j'ai appris à aimer toutes les strophes du long poème, qui résonnent en chacun d'entre nous, comme autant d'harmoniques singulières de l'histoire universelle. J'ai appris à ne pas trier les pages, les événements, comme on trie les lentilles. L'histoire d'une nation est un long drame moral, tramé à la fois dans le sublime et le déplorable, mais qui, malgré tout, fait courir le fil mystérieux reliant l'âme d'un peuple au temps des hommes. J'ai perçu très tôt la richesse des humbles et me suis amusé très vite des réussites trop voyantes.

J'ai eu une enfance heureuse, casanière. Lorsque mon frère et moi, d'une seule enjambée, nous franchissions la Boulogne, notre fleuve à nous, notre « Loir gaulois », de l'autre côté nous étions comme perdus, c'était « l'étranger proche », comme disent les diplomates. J'accompagnais mes voisins aux champs. C'est là que j'ai ressenti charnellement l'esthétique paysanne, quand Samuel Gilbert, qui m'instruisait sur les plantes et sur les bêtes, s'amusait de mes questions :

– Pourquoi ton sillon, il est courbe ?

– Parce que, quand le travail sera terminé, au bout du champ, il apparaîtra droit dans le regard. Il sera beau. Joindre le beau à l'utile, c'est ma journée.

Une journée était donc une œuvre. Il ne savait pas qu'il appliquait la loi des colonnes du Parthénon, légèrement incurvées de près pour que, de loin, elles apparaissent parfaitement verticales dans l'horizon.

Je parlais plus facilement patois que français. J'aimais les nèfles, les caillebottes, les bottereaux, la fressure, et, en allant pêcher mes premiers vairons, je prêtais l'oreille aux mélodies des mésanges et à la rythmique des pics-verts. Je fermais les yeux, enivré par le foin coupé. Je me laissais bercer par le vent qui chahutait les peupliers, avec un son si particulier : j'écoutais la musique des peupliers, une petite musique haut perchée dans les aigus.

C'est par le football que ma conscience civique s'est éveillée : en 1958, lors de la Coupe du monde. J'ai aimé, avec passion, Kopa, Piantoni, Fontaine ; j'ai connu l'une de mes premières prostrations lorsque la radio nous a appris la blessure de Jonquet, lors de l'épopée suédoise. J'ai joué très tôt et très longtemps, portant pendant plusieurs années le brassard de capitaine de l'E. S. Boulogne. Le football est resté pour moi une deuxième culture. Il m'a tout appris sur les choses humaines. Quand j'ai rencontré, en 2000, Raymond Kopa, mon idole, un soir, au Puy du Fou, ce fut une explosion d'enfance, la bousculade des souvenirs, une rencontre quasi familiale. Je n'ai pu m'empêcher de passer tout de suite au registre personnel :

– J'ai beaucoup pensé à toi, dans ta grande épreuve.

– Comment, tu te souviens de mon fils ?

– Oui, très bien. Je lisais *Miroir du football*, chaque semaine, pour avoir des nouvelles. J'espérais, chaque jour, pour toi, pour lui, qu'il allait guérir de sa leucémie.

– Hélas.

– J'ai pleuré, avec toi, à distance, le soir de sa mort... Je me souviens que, ce soir-là, je me suis dit : même les footballeurs ont des malheurs. La vie peut s'arrêter pour eux. La célébrité ne préserve de rien.

– Un deuil célèbre reste un deuil. La gloire ne console de rien.

– La gloire est le deuil éclatant du bonheur.

À travers le football, ses drames, ses injustices, la joie des stades, la versatilité du public, le pinacle et la chute, le choc des caractères, j'ai appris la vie, les effusions, les paroxysmes, l'emphase, la dramaturgie.

Par une sorte de transposition intuitive, jeune adolescent, j'ai senti, avant même de le comprendre, que l'histoire était tragique, mais que le tragique était tramé dans les bonheurs d'enfance. Très tôt, j'ai voulu rendre cet amour reçu, le restituer, apporter à mon tour à la Vendée et à la France ma petite obole, un peu de mes paysages intimes reçus en héritage sans mérite personnel. Avec un désir secret, un rêve pour les temps à venir : que chaque petit Français entende, à son tour, en son for enfantin, la musique des peupliers, qu'il apprenne à désigner le monde à partir des émotions intimes, et qu'il ressente, sous ses pas fragiles, les ombres immenses dont parlait Malraux en pensant aux héros oubliés qui, devenus, au bord des routes, des bouquets d'ortie sous nos pieds, ont vibré pour cette œuvre, regardée par le monde entier comme un chef-d'œuvre, et qui s'appelle la France.

La première restitution de ma dette d'honneur, ce fut le Puy du Fou, un acte d'amour, un hymne à la France.

Puis ce fut la Vendée, ma passion, celle d'un « gouverneur territorial » qui veut faire de sa terre natale un fleuron français.

Enfin la France, aujourd'hui bien malade, qui glisse doucement vers l'abîme. La France, prise dans le syndrome amérindien, ce peuple prestigieux et raffiné qui, en un siècle seulement, s'est laissé mourir. La France, dont les tissus se déchirent et qui perd son être profond, jusqu'au goût de se survivre et de se perpétuer.

J'ai eu deux vies successives. La troisième commence.

La première, qui ne s'est jamais arrêtée, c'est celle du créateur du Puy du Fou ; hier architecte, bâtisseur, animateur, aujourd'hui simple scénariste du dimanche.

La deuxième, à laquelle je consacre beaucoup de temps et d'énergie, c'est celle du responsable d'une collectivité territoriale. Lorsque j'ai été élu président du conseil général de mon département, en 1988, j'ai voulu faire de la Vendée un exemple, dans tous les domaines, pour éprouver mes idées et les confronter au réel. Une société se sauve, non par des mises en garde, mais par des réalisations qu'on accroche à contre-pente.

Il n'est pas une idée nationalement et médiatiquement exprimée que je n'aie expérimentée sur le terrain.

C'est le terrain qui m'a confirmé dans telle conviction et qui a écarté de mon chemin d'homme public telle analyse ou telle proposition ; parce que, l'ayant cru juste, je l'ai éprouvée comme étant finalement erronée, à l'épreuve des faits.

C'est le terrain, au contact des hommes et à travers la lente sédimentation des micro-succès, qui a servi de tamis critique à ma pensée politique.

Filtre et vitrine de ce qui marche, preuve enracinée de ce que je crois, la Vendée me donne, à travers ce que je dis, l'assurance des faits dûment constatés.

Tout ce que j'exprime, durant cette campagne présidentielle, je le tiens de mon expérience. À mes détracteurs, je dirais simplement : « Venez voir, venez juger sur pièces. »

Sûr de mon fait, comme d'autres le sont de leurs idées, je ne suis pas un homme politique hors sol, nourri d'idéologie farineuse destinée aux poulets de batterie par les doseurs de marketing.

J'ai vécu au grand vent, je n'ai jamais été engraissé par les partis, on ne m'a jamais fourni d'experts ou d'« éléments de langage » en ramettes de pensées granulées.

Je fais mon miel, à partir de mon expérience, qui me remplit de bonheur ou d'indignation. Je raconte, au fil des pages qui suivent, comment les idées peuvent s'incarner, comment, dans mes responsabilités locales, j'ai essayé de traduire en actions et en réalisations des intentions ou des convictions. Il m'a paru utile, à l'orée du grand débat sur l'avenir du pays qui commence, de faire le va-et-vient entre les paroles et les actes.

Car, demain, il faudra que le pays soit enfin gouverné. Avec des idées incarnées. Je suis prêt à passer de mon jardin à la culture de plein champ.

L'action, qui m'occupe plus souvent que la protestation, me permet de porter aujourd'hui, sous le regard des Français, quelques réussites majeures, qui prennent toute leur valeur au moment où l'urgence, pour le pays tout entier, est à la *reconquête de nos territoires*.

Je laisse à la méditation de chacun ce vieux proverbe thaï: «Dis-moi ce que tu as fait chez toi. Je te dirai ce que tu es capable de faire pour moi.»

Chapitre 1

L'aventure du Puy du Fou

Sur ma carte routière, il n'y a pas la moindre indication. Je suis perdu. En traversant un petit bourg, au pied d'un contrefort, je gare ma vieille 4 L devant une station-service. Peut-être le garagiste connaît-il le lieu-dit ? Il hésite. Il appelle sa femme.

– Tu sais bien, c'est en haut de la côte du Fossé, à gauche.

Me voilà dépanné. J'arrive devant le porche. Je fais le tour du mur d'enceinte. Une ruine. Comme il en existe, en France, tous les dix kilomètres. Un peu plus loin, sur la façade arrière, un étang et une presqu'île. Le soleil d'été joue à contre-jour sur quelques élancements mal éboulés. Les corbeaux sont chez eux.

Je m'assois sous un bouquet de petits sapins. En face de moi, c'est la quiétude discrète d'un lieu sorti du temps ; les oiseaux de haut vol planent au-dessus du silence immaculé d'une nature abandonnée ; tout près de moi, quelques vaches immobiles et ahuries, et là-bas, au fond, la déchirure du temps, des moignons de muraille. Atmosphère romantique. Une vague odeur de foins coupés. Quelques très vieux chênes à grandes confidences. On sent que l'histoire, jadis, est passée par là. Tout est resté figé. Le temps est suspendu. Il est midi. *Midi, roi des étés, épandu sur la plaine.* Nous sommes le 13 juin 1977. Au lieu-dit Le Puy du Fou. Ce sera là. La nuit. Mon rêve. Cette colline inconnue, submergée par l'oubli, va revivre. Je me sens porté par un double mouvement de l'âme et du cœur : c'est là que je ferai jaillir mon acte d'amour de la Vendée et mon hymne à la France. Les obstacles sont gigantesques. D'abord le temps qui manque. Rapidement, le directeur de l'ENA, Pierre-Louis Blanc, me convoque :

– On me parle d'un spectacle en Vendée, dans votre région, où vous séjourneriez plus souvent qu'en nos murs.

– Exact, monsieur le Directeur.

– Mais c'est absolument incompatible.

– Avec quoi ?

– Avec le cursus d'un haut fonctionnaire. On ne peut pas faire l'ENA buissonnière.

– Incompatible ? Incompatible, un hymne à la France, avec le statut de fonctionnaire ? Eh bien, je préfère la grandeur de la France au statut de la fonction publique. Je choisis les chemins de traverse aux voies honorables de la soumission. Je préfère être acteur de mes rêves que contrôleur de pensées mutilées.

Ayant ainsi échappé au laminoir sémantique, j'ai suivi mon inclination, avalant les obstacles, bousculant les chicanes, butant sur les murs parfois infranchissables.

Car toutes les conditions étaient réunies pour un échec certain : un enclavement parfait, pas d'argent, pas de soutien, pas d'expérience, pas de bouteille, même pas de barbe – j'étais si jeune –, pas de références, pas de techniciens, etc.

Je ne trouvais personne pour me suivre : les plus anciens étaient trop pris par leurs responsabilités, par leurs activités. Je n'ai donc pas eu le choix : j'ai recruté de très jeunes gens. Et j'ai immédiatement nommé à des postes de responsabilités élevées des jeunes, des très jeunes sans expérience. Ce fut la clé de la réussite : à vingt ans, on a la fougue, l'inconscience des franchissements impossibles. Cette expérience m'a servi de leçon. J'ai toujours promu, autour de moi, des responsables très jeunes dans mes fonctions postérieures : mon suppléant avait vingt-trois ans en 1987, mon secrétaire général du Mouvement Pour la France, vingt-quatre ans lors de sa nomination.

Et puis, j'ai gardé une autre leçon de cette aventure improbable : quand tout paraît difficile, il faut pratiquer ce que j'ai appelé « la prophétie auto-réalisatrice de Hegel » : dire les choses et puis les réaliser ; d'abord les dire, quand elles sont fausses, pour les rendre vraies. Je disais à Jean Piat et à Suzanne Flon : « Vous verrez, il y a trois mille bénévoles qui vous attendent », alors que nous n'étions que trois. Et je disais à mes compagnons d'aventure : « Jean Piat amènera avec lui Marie Dubois et toute la Comédie-Française. »

Six mois après, nous étions trois mille et nous avions toute la Comédie-Française ou presque.

Trente ans après, le Puy du Fou est salué comme une réussite mondiale. Les chiffres parlent d'eux-mêmes : 1,2 million de visiteurs en 2005, une tribune de 14 000 places assises pleine tous les soirs. 15 000 à 20 000 visiteurs par jour sur le Grand Parc au mois d'août, plus de 3 000 bénévoles membres de l'association, 1 100 acteurs sur scène chaque soir, 180 chevaux et 140 cavaliers, avec une Académie équestre qui est la plus grande écurie de spectacle en Europe ; et puis une technicité d'avant-garde enviée par le Cirque du Soleil de Las Vegas ou les plus grands théâtres japonais.

Récemment, le premier quotidien économique français, *Les Échos*, consacrait une page entière au « phénomène Puy du Fou » sous le titre suivant : « La réussite atypique du Puy du Fou ». Pourquoi est-elle « atypique » ? parce que, partout ailleurs, « dans l'hexagone, les sites de loisirs créés par la volonté d'hommes politiques ont subi des déconvenues ». Et l'enquête des *Échos* de conclure : « Au

Puy du Fou, prospérité insolente; ailleurs, désillusion et désengagement. » Les derniers exemples en date de ces grands ratages sont Vulcania et le Bioscope. Les contribuables s'en souviendront longtemps.

Le Puy du Fou s'est développé à partir de trois dates clés: en 1978, ce fut la création de la Cinéscénie. En 1988, ce fut la création du Grand Parc. En 1998, ce fut enfin la création de l'Académie Junior.

Aujourd'hui, la réussite est économique mais elle est aussi culturelle et humaine. En réalité, le Puy du Fou a développé un *modèle original.*

D'abord, un *modèle économique tout à fait singulier*, établi sur une association loi 1901, propriétaire d'une société anonyme. L'association gère plusieurs activités culturelles dont le spectacle de nuit, la Cinéscénie; et la société anonyme, quant à elle, gère le Grand Parc.

Les deux structures contribuent à financer et à faire vivre l'Académie Junior qui regroupe les vingt-trois écoles du Puy du Fou.

Le Puy du Fou n'est donc ni une entreprise capitaliste avec des actionnaires, ni une institution publique qui serait financée par des collectivités territoriales. L'actionnaire, au Puy du Fou, c'est le Puy du Fou, c'est-à-dire une communauté de trois mille bénévoles. Et il n'y a pas un centime d'argent public sur le site, conformément à mon engagement de créateur, devenu, entre-temps, président du conseil général de la Vendée. Le Puy du Fou est et demeure, comme à ses premiers jours, une initiative privée.

Il s'agit d'une entreprise du troisième type qui ne vit ni de subventions, ni pour des actionnaires. Partie sans moyen, cette aventure, aujourd'hui, étonne: avec son million de visiteurs, voilà le Puy du Fou parmi les tout premiers grands rendez-vous internationaux du tourisme culturel français. Chaque année, l'association subventionne les quinze communes alentour. C'est la filière inversée. Avec cet argent, les conseils municipaux multiplient les initiatives culturelles, pédagogiques et artistiques.

Ensuite, le Puy du Fou a développé – et c'est là la clé de son succès –, un *nouveau genre d'expression artistique*. En innovant dans deux activités complémentaires :

La Cinéscénie est un nouveau genre d'expression tenant de l'opéra, du péplum et du théâtre chorégraphique, mais qui n'en est ni la synthèse, ni le prolongement. Le mot « Cinéscénie », aujourd'hui aux portes du dictionnaire, correspond précisément à quelque chose de nouveau : « l'espace en mouvement ».

Le Grand Parc est un nouveau genre de parc à thème : c'est le parc de l'histoire de France, de la préhistoire au XXe siècle. On y choisit son époque, son architecture, sa gastronomie, son ambiance. C'est un voyage dans le temps qui s'organise comme une pérégrination dans un espace de quarante-cinq hectares. On y passe d'univers en univers, de siècle en siècle. Tout est vrai, scientifique, historique, pédagogique. Nous sommes loin des parcs d'attraction et des parcs à manège importés d'ailleurs.

Le pari était de concilier le culturel et le ludique, le divertissement et le pédagogique, le spectaculaire et l'émotion.

Enfin, le Puy du Fou a expérimenté un *modèle créatif original.*

Il n'importe aucune technique ; il n'adopte aucune invention qui ne soit « puyfolaise » ; il développe ses propres inventions, à partir de ses propres laboratoires (régies, son, fauconnerie, etc.). Il invente aussi ses propres savoir-faire : tête parlante, projections sur écran d'eau, etc. Il possède ses propres bureaux d'études composés de Puyfolais, formés à l'école du Puy du Fou.

Le Puy du Fou pourvoit lui-même à la formation de ses cadres, inventeurs, scénaristes. C'est la mission de l'Académie Junior, qui regroupe vingt-trois écoles dans tous les arts, technologies et savoir-faire du Puy du Fou. Chaque école est dirigée par un Puyfolais qui est allé se former à la pointe des nouvelles techniques dans le monde entier. Trois cents enfants puyfolais sont inscrits dans les vingt-trois écoles. Les meilleurs d'entre eux sont encouragés dans leur art ou leur savoir-faire et préparent la relève puyfolaise des responsables.

Le Puy du Fou organise un réseau de fécondation croisée entre les cinquante principaux savoir-faire puyfolais, tous au top mondial. Cela donne aux réunions de création une allure paradoxale et des résultats étonnants : quand on met, autour d'une table, un spécialiste du son en octophonie, un dresseur de fauves, un créateur de console informatique, un maître fauconnier, un architecte de lumières virtuelles, un responsable d'école de magie, un spécialiste des effets spéciaux, un maître d'équitation de haute école… la discussion ne finit jamais là où elle avait commencé !

Voilà ma première vie. Elle continue. Je veille sur le Puy du Fou, sur ses équipes, sur son développement. J'y passe du temps et y mets beaucoup de moi-même, non plus pour le dessein d'ensemble, aujourd'hui bien tracé pour les décennies qui viennent, mais pour de nouveaux scénarii ou de nouveaux défis.

Cette aventure m'a apporté un bonheur intense. Elle m'a beaucoup appris. À commencer par les lois implacables de l'entreprise : savoir lire un bilan, un compte d'exploitation, car le Puy du Fou est – aussi – une PME, confrontée chaque jour et dans chaque décision à la nécessaire rencontre du couple heureux du risque et de la sagesse. Sans le risque, on n'avance plus. Sans la sagesse, on tombe. J'ai appris à comprendre, de l'intérieur, par le voisinage des inquiétudes et l'identité des pressentiments, ce que peuvent être l'angoisse et l'espoir de l'artisan ou de la petite ou moyenne entreprise, naviguant entre les mauvaises surprises fiscales et les écueils de la paperasse.

Je suis donc devenu, à mes heures perdues, sur mon temps de loisir, un *entrepreneur*, rompu aux disciplines éprouvantes, exaltantes, du binôme inséparable « projet-résultat ». C'est une joie de voir l'entreprise du Puy du Fou grandir. Pas pour de l'argent, mais pour l'amitié d'une formidable équipe et pour l'amour de l'art français, pour le rayonnement de mon pays. Et puis, il est tellement important d'avoir autre chose, dans la vie, que la politique. Le monde défile au Puy du Fou. Des sommités et des anonymes. On parle tous ensemble, bien évidemment, de tout autre chose que de politique. C'est une gymnastique qui aère l'esprit. Être capable de penser un autre univers que celui des responsabilités publiques. Être capable de rêver autrement ; ne pas se savoir condamné à la politique, parce qu'on ne sait pas faire autre chose, qu'on ne sait pas se passionner ailleurs. Avoir son jardin secret pour ne pas être tenté d'envahir le jardin des autres. Trop souvent, hélas, la carrière des hommes politiques répond au même standard : ce sont, le plus souvent, des professionnels issus des cabinets ministériels. La politique est leur seul métier, leur raison de vivre. Ôtez-leur la politique, il ne reste rien d'autre que des visages blêmes, de belles intelligences hagardes, désemparées, inadaptées. Bien souvent, ils n'ont rien expérimenté, rien construit par eux-mêmes.

C'est une chance de pouvoir, dans sa vie, organiser plusieurs manières de rencontrer les Français. Rencontrer leurs impatiences sur la place publique, mais aussi leurs désirs, leur musique intérieure qui habille leurs souvenirs de vacances dans des rendez-vous culturels et artistiques du for intime où s'expriment, dans la liesse de l'été, les émotions françaises.

Et puis, j'ai tiré de cette expérience plusieurs leçons de vie qui, irradiant la sphère publique tout autant que la sphère privée des créations heureuses, nourrissent ma pensée politique quant aux voies du redressement de notre pays.

Première leçon : les grandes choses se font souvent à partir de rien. Ce n'est pas parce qu'on n'a rien, ou parce qu'on n'est rien, qu'on ne peut rien. La vie enseigne l'inverse. Il n'y a pas de relation de proportion entre la richesse d'une entreprise, son capital, sa fortune acquise, et son potentiel de réussite et de prospérité.

Au Puy du Fou, je suis parti de rien. Sans un sou, sans un mur qui tienne ou un regard que je retienne. Je pense souvent au célèbre envoi de Churchill : « Ils ne savaient pas que c'était impossible, ils l'ont fait. » Aujourd'hui, nous rivalisons avec les Américains. Avec un temps d'avance pour l'écriture laser, les images virtuelles ou l'hydraulique. Nous avons désormais une bonne quarantaine de techniciens au top mondial.

Je n'oublierai jamais ce jour de liesse où notre équipe technique nous a annoncé la nouvelle d'une percée technologique vers le « son en relief ». Les premiers essais sont saisissants. La décision est prise de changer toute l'infrastructure sonore sur les vingt-cinq hectares de l'aire scénique, la plus grande scène du monde. L'idée est d'installer trois murs sonores et de placer les instruments sur six cents mètres de profondeur avec une décomposition totale de l'orchestre en octophonie. Nous partons à la recherche d'un compositeur. Une sorte d'appel d'offres mondial. Les premiers compositeurs à répondre sont les

Américains d'Hollywood. Ils franchissent l'Atlantique et viennent sur place se rendre compte : Trevor Jones, l'oscar des Oscars, Patrick Doyle, etc. Nous avons l'embarras du choix. Celui que je convoite est difficile à contacter, il s'agit de Nick Glennie-Smith, le compositeur de *The Rock* avec Sean Connery, de *We were soldiers* avec Mel Gibson et du célèbre *Homme au masque de Fer* avec Leonardo DiCaprio. Un génie de la mélodie.

Il finira par venir, accompagné de Malcolm Luker, l'ingénieur du son de Spielberg et de Ridley Scott.

Après le spectacle, à une heure du matin, le dialogue s'engage :

– Philippe, je veux faire cette musique.

– Mais nous sommes pauvres.

– Ce n'est pas un problème, je me rattraperai à Hollywood…

Et c'est ainsi que Nick Glennie-Smith est devenu puyfolais. Nous l'avons fait travailler avec un musicologue vendéen de grand talent, Laurent Tixier, qui a recréé, à cette occasion, vingt-sept instruments disparus : flûte de saule, sabot à musique, etc. À chaque assemblée générale, Nick quitte la Virginie pour nous rejoindre. C'est, avec Malcolm, la branche américaine, en quelque sorte, du Puy du Fou.

Mon expérience du Puy du Fou me fait trépigner devant la culture du « c'est trop tard ».

– Vous avez raison, mais c'est trop tard, c'est foutu.

– Eh bien, rendez aux soldats leur fierté, proposez à un peuple de se dépasser, et vous verrez que le plus humble d'entre eux retrouvera, par-delà ses guenilles, l'esprit d'Arcole. Ce n'est pas l'argent qui fait franchir les ponts sous la mitraille, qui donne le cœur pour enjamber les gouffres d'ombre où vient se perdre l'écho des voix dépitées. C'est la pugnacité du sculpteur, vainqueur du granit, c'est la force et la patience de l'idée qui s'avère juste et salvatrice.

Il n'y a pas de limite à la volonté quand elle est portée par le sentiment d'appartenance, le patriotisme.

Les peuples qui retrouvent la passion de vivre sont invincibles parce qu'ils finissent par trouver la volonté pour échapper aux hautes parois de l'irréversible. Une nation, comme une entreprise, ne meurt que par ceux qui se laissent mourir. Les peuples qui survivent sont des peuples de créateurs. Ils ont la rage au ventre, la rage de se surpasser. Je n'échangerais pas un Puyfolais, muni d'un laser, contre quarante énarques, une plume à la main.

J'ai souvent pensé à cette expression des adultes, entendue cent fois par les enfants, comme la délivrance des clés de la sagesse: «Profites-en, pendant que tu es petit. Fais de beaux rêves. Parce qu'ensuite la vie les dissipera et te ramènera au réel.» Moi, j'ai fait un rêve, un rêve de lumière, de couleurs, de musique, de grandeur et d'élégance. J'ai rêvé d'accrocher des étoiles à la nuit, de faire danser les chevaux sur les nuages, j'ai rêvé de Lily Laskine à la harpe, de Nick Glennie-Smith au pupitre, j'ai rêvé de faire glisser sur un lac des volutes de farfadets. J'ai rêvé d'une communauté humaine gigantesque gouvernée par la loi de l'amour. J'ai rêvé. Et j'ai réalisé mon rêve. J'en ai conclu qu'il ne faut pas dire aux enfants: «Profitez-en, la vie, hélas, c'est autre chose.» Il faut leur dire au contraire: «Faites des rêves, et, ensuite, vous les accomplirez.» C'est l'appel de la vie.

La deuxième leçon portée par l'expérience du Puy du Fou a trait à l'idée même de performance.

On nous dit tous les jours: pour être puissante, une entreprise doit acquérir la taille critique. L'avenir est à la grande échelle, c'est la masse qui fait la puissance. Grande entreprise, entreprise performante. Grande nation, grande puissance. Ce taylorisme de la pensée date du XXe siècle. Il relève d'une doctrine désuète.

Nous sommes entrés dans un autre monde, celui du microprocesseur, ce petit objet presque virtuel qui tient de l'infiniment petit et de l'infiniment puissant et qui les accouple heureusement. Formidable combinaison nouvelle de la miniature et de l'effet de souffle. C'est une révolution. La taille ne fait plus rien à l'affaire. Il peut même arriver qu'elle nous encombre. L'aventure improbable du Puy du Fou rivalise avec les majors du tourisme américain.

Le Puy du Fou a plus d'inventions à son actif que les plus grands du métier, bien que ces derniers soient à la fois imposants par la taille et impressionnants par l'ampleur des moyens.

C'est cette disproportion, voire cette loi d'inversion, qui change la donne à la fois pour les entreprises et pour les nations. La performance, la puissance ne sont plus indexées sur la masse. On a, pour les yeux, le spectacle de nations étendues, riches, prospères mais sans influence ni rayonnement dans le monde – l'Australie, le Canada, la Nouvelle-Zélande, etc. Le nouveau critère de la puissance ou de la performance tient au ciment culturel. Les sociétés multiculturelles, qui perdent leur cohésion et ne peuvent penser leur avenir que par la juxtaposition d'enclaves sans projet, n'ont pas d'avenir.

Le millésime 2006 du classement établi par le World Economic Forum de Davos donne des résultats sacrilèges : les cinq pays classés en tête du palmarès de la compétition mondiale – la Suisse, la Finlande, la Suède, le Danemark, Singapour –, largement devant les États-Unis, l'Allemagne et la France, sont cinq pays de *petite taille* et dont la performance en matière d'*innovation* est indexée sur la *cohésion* culturelle.

On a grand tort de confondre la taille et la grandeur. La France n'est pas condamnée à demeurer une nation moyenne, ce qu'elle est certes par sa superficie et sa population. Car une nation trouve l'assise de sa puissance là où sont ses ambitions, sa cohésion, ses projets. Son unité culturelle traduit sa capacité de projection.

Voilà ce j'ai appris à travers mon expérience du Puy du Fou : les grandes structures artificielles, mal agglomérées, les grandes additions statistiques, les grandes organisations humaines sans élan, avec les meilleurs résultats du monde, finissent par produire de la rigidité et de la sclérose ; dans la nouvelle économie mondialisée, elles sont mortellement atteintes.

Au contraire, partout où se trouvent une identité culturelle forte, une cohésion authentique, un sentiment profond d'appartenance et une volonté d'aller de l'avant, vient se loger la balle traçante capable de perforer les blindages les plus épais.

Je rêve d'une France de l'initiative, de la liberté, de la conquête, dans laquelle on transmettrait à chaque Français l'esprit d'entreprise et l'esprit de grandeur que je lis dans chaque regard, à la nuit tombante, « sur cette terre de géants et de genêts en fleurs ».

Je rêve d'une France où se répandrait, chaque matin, comme la rosée du printemps, dans le cœur des petits et des grands, le patriotisme populaire. Quand on aime, on peut tout. La politique, c'est aimer les gens.

Je repense souvent à ce mot de Jules Verne : « Les grandes politiques commencent toujours par des politiques exagérées. »

Chapitre 2

LA PUISSANCE DU POLITIQUE

En 1986, je suis entré en politique par effraction. Devenu secrétaire d'État à la Culture, sans attributions, je n'ai presque rien pu faire, sinon contempler les colonnes de Buren installées par Jack Lang, le prédécesseur de François Léotard.

Après quelques mois de vie ministérielle, un deuil m'a ramené en Vendée, celui d'un ami, député, Vincent Ansquer. Je l'ai remplacé au pied levé, quittant la Rue de Valois. Je me souviens d'un dialogue savoureux avec ma fille Marie, âgé de six ans, à l'été 1988, sur la plage, à l'île d'Yeu. Devant un château de sable emporté par la marée montante, elle me toise avec l'ironie d'une petite fille espiègle, qui fait couler une poignée de sable dans sa main :

– Papa, tu n'es pas resté longtemps secrétaire d'État.

– Non, quelques mois seulement.

– On va t'appeler le secrétaire des Tas de sable.

Résumé parfait de l'éphémère et de l'impuissance.

Le 7 octobre 1988, je deviens président du conseil général de la Vendée.

À peine élu, j'interromps les applaudissements du public, et me tourne vers la presse ; avec un débit lent, contraint par l'émotion, et aussi pour que les mots tombent, comme un fil à plomb sur l'édifice virtuel, je lance un appel à tous les Vendéens : « Depuis des années et des années, nous ne savons plus qui nous sommes. On nous appelle à nous fondre dans l'Europe. Elle est loin, l'Europe ! On nous appelle à nous fondre dans les Pays de la Loire. C'est quoi les "Pays de la Loire"? Nous avons, devant nous, d'immenses défis. La route est incertaine. Nous risquons d'être balayés. Il n'y a qu'une seule voie pour s'en sortir : lever les couleurs. Je demande à chacun d'entre nous de relever la tête et de retrouver ou de goûter le bonheur d'être vendéen et la fierté d'être français. »

Tout l'été, j'ai repensé à la phrase lumineuse de Cicéron : « Quand il y a, dans la cité, le doute ou le désordre, il n'y a plus que les mots. » Les mots, les logos, le verbe.

Le 8 octobre 1988, au matin, mon premier geste est de refaire le logo du département. Pour lui donner une touche de modernité, un peu de relief, de perspective, un côté gouache japonaise, un élan qui décoiffe les formes, bref, pour qu'il flotte au grand vent de l'Atlantique. Je veux du souffle et de l'allant. J'appelle la célèbre agence de communication Carré Noir ; c'est elle – me dit-on – qui a dessiné le chêne emblématique de François Mitterrand. Donc une référence charentaise mondialement reconnue. En quelques heures, le travail est accompli. C'est superbe.

Je fais fabriquer des milliers de pin's et de drapeaux. Les stations-service, les mairies, les grandes surfaces hissent le logo vendéen à côté de leurs propres couleurs.

Et voici que survient le premier contretemps : une délégation de chefs d'entreprise demande à être reçue. Je perçois tout de suite la tension et l'inquiétude. Un porte-parole improvisé s'élance, attrapant du regard le logo au-dessus de ma tête ; avec un courage de commande, en quelques borborygmes mal assurés, il assène :

– Vous commencez votre présidence par une erreur. Ce n'est pas un logo qui va sauver l'économie vendéenne. C'est l'économie qui sauvera l'économie ; c'est concret, l'économie. On attend des mesures ; sinon, nous partirons.

Et vous resterez avec votre logo, la ficelle dans les mains, au pied du mât. À l'heure des échanges sans frontières, la « Vendée », ça ne veut plus rien dire, c'est un dé à coudre dans l'océan ; regardez comme on souffre. Il faut aller chercher les marchés ; et vous croyez que c'est avec votre « drapeau à la japonaise », comme vous dites, qu'on va aller vendre nos chaussures aux Chinois et fourguer nos meubles au Qatar ?

– J'entends bien ce que vous me dites. J'ai aussi un grand projet routier, un projet de formation professionnelle, un projet de zones tertiaires, etc. Nous allons faire tout cela ensemble. Mais ce ne sont pas les routes qui changent l'économie. Ce sont les mentalités. Si les Vendéens retrouvent la fierté d'eux-mêmes, de leur patrimoine, de leurs paysages, de leur identité malmenée par l'histoire, alors vous verrez qu'ils créeront, ils mordront dans l'avenir à pleines dents. C'est par la réappropriation de leurs racines qu'ils trouveront les humeurs du grand large. C'est la fierté qui fait gagner toutes les batailles, y compris les batailles économiques. Le ressort de l'économie n'est pas dans l'économie, il se loge dans une région du cœur où l'esprit du temps le comprime. La fierté précède l'intérêt. La confiance en soi précède la conquête.

– Nous ne sommes pas des conquistadors à panache, nous sommes des fabricants de valeur ajoutée.

– Oui, mais immergés dans une société qui vous fournit le cœur à l'ouvrage, la qualité, à travers des hommes et des femmes de caractère. C'est la valeur qui crée la valeur ajoutée. Vous raisonnez comme les derniers marxistes : Marx croyait effectivement – et, avec lui, la plupart de nos économistes contemporains – que ce sont les infrastructures qui produisent les superstructures, que c'est l'économie qui crée la culture. Eh bien, mon équipe et moi-même, nous croyons exactement l'inverse, et nous entendons renverser ce schéma: ce sont les superstructures qui commandent les infrastructures.

Après un premier dialogue rugueux, le temps passa, chacun s'en retourna à ses occupations. Aujourd'hui, vingt ans après, la fierté est là, la prospérité aussi; il y a trente «numéro un» mondiaux parmi les imprécateurs du premier tour de table maussade. Tous, ils ont demandé, depuis, à incruster le logo vendéen à l'arrière de leurs camions qui sillonnent l'Europe et le monde, parce que, selon la formule de leur leader aujourd'hui retourné: «Ça fait vendre.» La Vendée fait vendre! Ah bon! C'est donc bien la *valeur* qui crée la valeur ajoutée. Or, la *valeur ajoutée* ressortit à l'économique, à ses mécanismes subtils; la *valeur* ressortit, quant à elle, au politique. C'est la culture – ce qui est dans le cœur de l'homme – qui crée l'économie, et non l'inverse. Or, aujourd'hui, la politique se réduit à l'économie.

Cette anecdote confirme, à mes yeux, parmi tant d'autres, l'autonomie du politique que j'éprouve tous les jours, dans mon action locale. Je crois à la *puissance du politique*, à la force des idées incarnées, quand on agit sur les *causes*, alors que nos concitoyens en sont venus à désespérer de l'action publique, de sa faculté de changer les choses en profondeur. Ils réclament qu'on agisse sur les *effets*.

Ils croient à la ligne de plus grande pente où dévale l'inexorable. Et les politiques croient eux-mêmes qu'ils ne sont plus que des infirmiers de la société. D'ailleurs, ils la laissent se défaire, quand ils n'accompagnent pas sa décomposition; ils se campent en brancardiers de la mondialisation, postés le long des fossés encombrés par les blessés qui perdent leur sang; ils distribuent, avec les mots qui soulagent, perfusions ou garrots.

L'action politique se réduit peu à peu à une sorte de protocole compassionnel. On ne peut plus rien à rien.

Sinon compatir. Alors, on compatit du matin au soir. La différence entre les uns, talentueux, et les autres, maladroits, se fait sur la manière de compatir. Sur la manière de mettre de l'onguent sur la plaie et de prononcer les mots qui soulagent. C'est au bord des pistes cruelles, là où rôdaient les aigles pygargues, que naquit la compassion, avec le guépard qui s'arrêta et lécha les plaies de l'antilope à l'agonie, les tripes à l'air. Elle allait mourir et le guépard le savait. Nos grands fauves des estrades médiatiques croient que la France va mourir. Il s'agit seulement, pour eux, de savoir pleurer, avec Margot, au 20-heures. Une larme vaut cinq à sept points.

Dans les partis, on ne leur apprend plus qu'une seule chose : à sangloter sur un plateau ou à bord d'un Canadair, au-dessus des flammes. L'imperium de l'image commande de se précipiter sur la carcasse d'un avion à la Martinique, pour être au premier rang et embrasser les familles, ou encore d'envoyer des Casques bleus aux confins de l'inutile, juste pour dire qu'« on a fait quelque chose » ; et, en économie mondialisée, de regarder, en spectateur impuissant, se tisser les fils des fusions indo-luxembourgeoises des entreprises françaises, surprises d'être ainsi avalées par une baleine de Jonas sans que quiconque, fût-il le Premier ministre, ne puisse intervenir. À l'extérieur du casino des OPA hostiles, les ouvriers regardent et attendent, tête en l'air, interloqués. Tout se passe au-dessus d'eux. L'irresponsabilité est partout, la sanction nulle part.

On accompagne le mouvement, auquel on ne peut rien, et dont les arabesques dessinent nos ombres plaquées dans d'ultimes réduits. On a la tête qui tourne, tant les choses vont vite : la fusion des bourses, l'effusion chinoise, la résignation des traînards, la colère des déclassés.

On commente l'actualité, on déplore, on se réjouit, sachant que l'essentiel nous échappe et répond à d'autres logiques, implacables et qui nous submergent. Tout se passe ailleurs, à New York, Bruxelles, Francfort, Genève, Pékin : les Chinois nous proposent de nous habiller de la tête aux pieds, les commissaires de Bruxelles nous envoient leurs foudres judiciaires, les experts de l'OMC menacent nos derniers paysans de jeter sur eux un anathème planétaire. Monsieur Trichet commente ses diagrammes : « Pouvoir d'achat faible mais monnaie forte », le bonheur.

Il n'y a plus de politique quand il n'y a plus de cadre politique ; et le cadre politique, c'est la nation souveraine. Il n'y a plus de pouvoir quand le pouvoir n'a plus le pouvoir, quand la nation n'est plus souveraine.

Et puis, nous avons sous les yeux le mouvement brownien de l'absurde, avec la fuite des cerveaux français qu'on organise vers l'Amérique et la fuite des cerveaux africains qu'on organise vers la France. On a le tournis : où est la tour de contrôle ? Où est passé le politique dans tout cela ? Il est passé chez Drucker.

Les Français dorment d'un œil. Au petit matin, cent d'entre eux, en moyenne, après une nuit normale, retrouvent leur voiture brûlée. À chacun son bulletin d'inquiétude et de fatalisme : dans les banlieues, c'est la peur du voisin, qu'on ne connaît pas ; dans les campagnes, le départ du voisin, qu'on connaissait trop bien, qui travaillait à l'usine partie en Inde. Dans les mairies, la tête dans les mains, les premiers magistrats égrènent, d'un air prostré, les deuils successifs de la vie qui s'en va. « Plus un agriculteur, plus un viticulteur, plus un arboriculteur, plus un pêcheur, plus un boulanger, plus un bureau de poste dans la commune, juste une maison de retraite pour le quatrième âge. » La fatalité. Et les larmes de compassion du député du coin, redescendu à la hâte de Paris où il est allé exprimer sa colère dans les ministères « qui n'écoutent pas le terrain» et qui viennent de réintroduire les ours en montagne, à la satisfaction des hirsutes qui font «des expérimentations» depuis les bureaux parisiens et qui prennent la France rurale pour un terrain de jeux, préférant l'ours slovène au berger catalan.

Partout se diffuse ainsi le même sentiment d'impuissance. L'action publique ne pourrait plus rien pour nous; elle n'aurait plus de prise sur le cours des choses.

Il faudrait accepter les contraintes, impossibles à desserrer, les évolutions, impossibles à contredire. Il faudrait, chaque matin, relire avec piété la liste des glissements tectoniques auxquels le doigt de l'homme ne peut plus rien quand les plaques se déplacent. Nous serions ainsi confrontés à des «tendances lourdes», de l'ordre de l'inéluctable: la mondialisation, les délocalisations, la fin des paysans et de l'industrie, l'avènement de la société multiculturelle, la surconcentration urbaine. Donc, la France ne pourrait plus rien pour elle-même.

Je ne crois, pour ma part, à aucune de ces prétendues «tendances lourdes». Prenons l'exemple de la désertification rurale. Bien sûr qu'elle est inéluctable si on ne fait rien, si les pouvoirs publics continuent à privilégier le «tout-banlieue» et à abandonner nos campagnes. Je me souviens, il y a trois ans, d'avoir abordé avec plusieurs ministres la question du haut débit pour nos régions, une fois de plus abandonnées. Mes interlocuteurs semblaient découvrir que, si le tournant n'était pas pris, ce seraient tous nos territoires ruraux qui seraient carbonisés, décrochés. Car nous sommes là devant une révolution technologique qui bouleverse fondamentalement notre façon de travailler et de nous divertir.

Notre civilisation entre de plain-pied dans l'âge de l'immatériel et les conséquences de ce nouveau phénomène sur notre économie, notre culture, nos modes de vie sont incalculables.

Cette révolution technologique est née de la convergence de l'informatique, des télécommunications et de la vidéo, qu'un nouveau langage codé a permis de rendre numériques. Dès lors, les données, la voix, les images peuvent être traduites en signes équivalents pour voyager dans les mêmes tuyaux.

Cette évolution porte en elle de nouvelles promesses mais aussi de sérieuses menaces pour les territoires délaissés par les grands opérateurs de haut débit, faute de rentabilité immédiate.

La fracture numérique menace ainsi de s'ajouter à la fracture géographique. Au début de l'année 2004, avec le sénateur Bruno Retailleau, nous avons donc tambouriné à Paris.

– Le haut débit en Vendée ? vous plaisantez ! nous a-t-on répondu.

– Alors, ce sont tous nos fleurons qui vont quitter nos territoires.

Je me suis retrouvé devant un véritable ultimatum de nos clubs d'entreprises :

– Ce sont 30 % des entreprises du département qui partiront dans les cinq ans, si vous ne faites rien…

Le message était clair. Alors, devant l'inertie, nous avons agi. Convaincu que le désenclavement numérique était en train de devenir une composante essentielle de la compétitivité d'un territoire, j'ai donc pris le pari de faire de la Vendée le *premier département numérique de France*, pour que les entreprises et les ménages vendéens puissent être raccordés à l'Internet rapide, où que se trouve leur domicile, même dans les plus petites communes.

Le plan Haut Débit du département s'est donné comme objectif de raccorder, avant décembre 2005, 100 % du territoire au réseau haut débit ; et d'adapter le débit aux usages les plus divers car un particulier n'a pas les mêmes attentes qu'une entreprise. Ces dernières doivent pouvoir bénéficier d'une grande vitesse de connexion. De même, elles doivent avoir accès à des services professionnels, comme la sécurisation de leurs réseaux.

Aujourd'hui, tout est réglé ; la bataille est gagnée. Nous offrons à tous les habitants de nos communes les mêmes services, aux mêmes prix que ceux pratiqués dans les grandes métropoles européennes. Nous y avons mis de la passion. Il a fallu harceler les administrations, bousculer les opérateurs, tester une technologie hertzienne nouvelle et performante, le Wimax. Nous avons défriché à la machette un territoire inconnu. Il a fallu de l'énergie, de la persévérance, de l'imagination et une volonté de fer.

Le politique a rempli sa mission, tout simplement. Il s'est déclaré compétent en dehors de son champ de compétences ; au sens même où on définit la souveraineté et le pouvoir : « la compétence de la compétence ». L'homme politique est là pour résoudre les problèmes. À lui d'agir, de « prendre la compétence », sans limite et sans excuse notariale du genre : « Ça n'est pas du ressort de mes attributions légales. »

Oui, je crois à la puissance du politique. Elle peut inverser le cours des choses, soulever des montagnes, rétablir la norme et trouver les voies du redressement d'un pays pour le hisser vers les cimes.

Rien n'est inéluctable, sauf quand la lâcheté, la peur, la pusillanimité gouvernent ou, plutôt, tiennent lieu de gouvernement.

À force de laisser dire : « Ce pays est fini, il n'est plus à la dimension des puissances du monde », on instille le doute, on mine les dernières fiertés, on fait vaciller les dernières petites flammes. Ah, si on décidait de relever le drapeau, de hisser les couleurs, de faire flotter, chaque matin, dans chaque cour d'école, le drapeau tricolore ! Je ne vois pas pourquoi ce qui est possible au niveau d'une portion du territoire français ne serait pas possible pour le territoire national tout entier.

J'ai choisi pour fil conducteur de ce livre celui de mes réussites vendéennes, pour exprimer une conviction trempée par l'expérience du réel : quand une action publique obtient quelques grands résultats sur un petit bout de territoire, il serait bien surprenant qu'on ne puisse obtenir quelques petits résultats sur le territoire tout entier.

Quelques résultats pour engager le redressement patriotique de la France.

Chapitre 3

Le miroir de nos conquêtes

« C'est incroyable. Personne ne sait où se trouve la Vendée, où la situer sur la carte. Quant au Vendéen lui-même, il s'accepte, avec résignation, dans cette infirmité d'image qui en fait, aux yeux du monde, une sorte de niais granitique que la sociologie des experts classe généreusement dans la catégorie au nom évocateur "le rural profond". » Voilà ce que j'entends tous les jours à Paris. On ne peut rien faire, rien construire avec une image pareille !

Comment sortir de cette résignation ? Comment changer l'image que la France a de la Vendée et l'image que le Vendéen a de lui-même ?

Il faut faire rêver les Vendéens, les porter au-dessus d'eux-mêmes, et montrer au monde que le mot « Vendée » est synonyme de conquête, d'ouverture, de risque et de modernité.

Nous sommes en 1987. J'ai la chance, à ce moment de ma réflexion, de retrouver Philippe Jeantot, rencontré pour la première fois lors de sa victoire du Boc Challenge, à Rio, en 1983.

Il me propose une course autour du monde en solitaire et sans escale, le « *Tour du monde* » de Jules Verne, la course de l'extrême. En termes d'image, je saisis tout de suite les virtualités d'un événement qui associe la mer, l'aventure et la voile.

Le département de la Vendée a deux cent cinquante kilomètres de côtes. Il est aussi le lieu d'élection d'une industrie nautique très performante dont les fleurons – Bénéteau, Jeanneau – sont champions du monde dans leur secteur. Ainsi naît le Vendée Globe, surnommé «l'Everest des mers». Le 26 novembre 1989, treize skippers s'élancent du port des Sables-d'Olonne pour un tour du monde en solitaire et sans escale de plus de vingt-quatre mille milles à travers trois océans et en doublant trois caps: le cap de Bonne-Espérance, le cap Leeuwin et le cap Horn.

En moins de cinq éditions, les plus grands marins du monde ont participé à cette course prestigieuse: Titouan Lamazou, Philippe Poupon, Alain Gautier, Ellen MacArthur, Mike Golding. Le Vendée Globe est ainsi devenu, avec la course de l'America, l'une des deux plus grandes compétitions de voile à travers le monde.

Aujourd'hui, cette épreuve est devenue mythique, considérée comme la troisième épreuve sportive médiatique dans le monde par l'importance de ses retombées, derrière les Jeux olympiques et la Coupe du monde de football: plus d'un million de personnes assistent à chaque départ et aux arrivées, et l'épreuve est suivie dans le monde entier avec, pour la dernière édition, 270 heures de retransmissions télévisuelles et 130 millions de connexions Internet.

Le Vendée Globe est reconnu aujourd'hui comme une formidable réussite.

Évidemment, l'image de la Vendée a changé du tout au tout. Nous avons forgé le concept de *département événement*. Les Vendéens ont suivi. C'est leur événement, leur course, et, aujourd'hui, le miroir de leurs conquêtes.

La Vendée ne joue plus dans la cour des petits. Elle joue avec les géants, au grand large, là où évoluent les aventuriers et les conquérants. Voici que le mot «Vendée» est associé au mot «Globe». La Vendée fait le tour du monde. Quel que soit le vainqueur, d'édition en édition, c'est la Vendée qui gagne. Les experts en urbanité ont fini par suivre : la Vendée, c'est la mer. Ils nous ont sortis de la catégorie « rural profond » pour nous mettre dans la catégorie « grand département maritime ». Ce n'est pas la même désignation. La Vendée ne joue plus dans le même stade. La voilà en haute mer. La mer, le plus grand stade du monde.

Chapitre 4

La lutte contre les délocalisations

C'est ma première sortie. Un soir de printemps 1989. Tout juste élu président du conseil général de la Vendée, il me revient de clore la journée du centenaire de la chambre de commerce.

Je suis là, au premier rang, sans notes, attentif à tous les exposés, écoutant les experts qui défilent à la tribune. Chacun y va de sa charge de pessimisme.

En résumé, « la Vendée a tout faux : pas assez de productivité, trop d'agriculteurs, trop d'industrie, un développement trop endogène, pas assez de greffes extérieures, mauvaise image, pas assez de tertiaire ». Un tel constat ne souffre pas la réplique : les experts sont formels, unanimes.

Je m'enfonce dans ma chaise. Que dire à cela ? Dans quelques minutes, ce sera à moi de parler.

Dans l'immense salle, deux mille chefs d'entreprise captivés semblent, dans la gravité de leur posture immobile, au diapason de la tribune : « La Vendée a mangé son pain blanc ; nous entrons dans les années noires. Il va falloir gagner de la productivité en agriculture. Un paysan sur deux va mettre la clé sous la grange. Les industries de main-d'œuvre, qui ont fait les beaux jours du Choletais, sont condamnées par la mondialisation et la révolution des transports. On ira fabriquer au loin les chaises et les bateaux. Et on imagine mal que les usines de chaussures du Bocage soient, demain, remplacées au pied levé par des laboratoires de recherche universitaire à haute valeur ajoutée. Donc, l'avenir est sombre ; la Vendée va connaître le chômage de masse. » Contrairement, nous dit-on, à la région voisine, la Bretagne, euphorique, affublée d'une nouvelle sémantique – le *modèle breton* –, qui a su réagir à temps ; avec une approche stratégique coordonnée conduisant à la décentralisation de grands groupes industriels, dont les sièges sociaux restent à Paris mais dont les usines s'installent autour des quatre voies de l'Armorique. La Vendée, elle, ne compte que sur elle-même. Voilà l'erreur, nous explique-t-on.

La Bretagne a pris le virage. Elle a réfléchi. Elle a agi. Elle a touché les bons bureaux à Paris, actionné les bons leviers des grandes boîtes. La Vendée, elle, n'a pas su « s'adapter ». On l'affuble d'un sobriquet révélateur : une « terre de ventres à choux », une terre de souvenirs, déclassée, sortie du jeu.

Et pourtant… en 2006, dix-sept ans après ce sombre verdict sans appel, la presse économique titre : « La Vendée fait la course en tête », ou encore : « La Vendée a le vent en poupe ».

Moins de deux décennies après ce constat amer, tout est chamboulé. Rien ne s'est produit comme prévu. Ce que les experts avaient prédit ne s'est pas réalisé. Et ce qui s'est réalisé a complètement échappé à leurs analyses.

Entre les deux, ce qui a fait la différence, c'est la volonté des hommes ; de ceux qui dirigent, de ceux qui produisent et qui créent.

Certes, la Vendée n'a pas vécu à l'écart de la France. Il n'y a pas, en économie, d'écran protecteur qui viendrait préserver une région des vents du grand large qui soufflent sur le reste de la France.

La Vendée est, comme tous les autres départements, travaillée par les mêmes forces, la mondialisation et la chape fiscale qui assaillent ou asphyxient nos entreprises.

Lorsque j'ai été élu à la tête de l'assemblée départementale, une grande étude était en cours, sur l'image de la Vendée : personne n'osa publier les résultats ; de grosses incertitudes planaient sur l'économie vendéenne. En matière de désenclavement, nous étions au même niveau que les départements d'outre-mer : nous n'avions que quelques kilomètres de deux fois deux voies. Beaucoup de clignotants étaient au rouge.

Après avoir écouté les experts, je monte à la tribune, j'annonce notre stratégie. Radicalement contraire à toutes leurs préconisations, elle impose une vision du futur qui n'est pas dans l'air du temps : « Notre projet économique reposera sur l'armature suivante : mieux vaut le *maillage* du territoire que la *concentration*, mieux vaut l'*artisanat* que l'*assistanat*, mieux vaut le développement de nos *PME* que la greffe d'*entreprises extérieures*, avec le risque de la dépendance de centres de décision lointains sur lesquels nous n'aurons humainement aucune prise. »

Exprimé en trois phrases, ce programme sera exécuté à la lettre à partir de 1989.

En choisissant ainsi d'aller à contre-courant des tendances générales de l'économie française, la Vendée devait développer un contre-modèle qui a complètement changé la donne, et qui a propulsé notre département aux avant-postes. On pourrait ainsi résumer le chassé-croisé : alors que la France glissait dans une « économie de bazar », la Vendée choisissait une « économie de projet ».

L'économie de bazar traduit l'idée que le territoire national devient une simple plate-forme commerciale, un centre de distribution déconnecté de la production : le consommateur local est gagnant et le producteur local perdant. La stagnation du pouvoir d'achat encourage alors les modes de consommation qui ciblent les prix les plus bas, ce qui accélère les délocalisations.

Cet effet boule de neige conduit au chômage des moins qualifiés et à la désindustrialisation. On peut observer ce phénomène partout dans les pays occidentaux ; l'exemple le plus frappant étant celui des États-Unis, où l'emploi industriel vient de passer sous la barre des 10 % de la population active.

La France est particulièrement frappée par cette évolution car l'Europe de Bruxelles a baissé sa garde par un désarmement commercial unilatéral. Ce faisant, nous sommes en train de tout sacrifier : notre agriculture, notre industrie, notre tertiaire.

Si l'Europe ne rétablit pas la préférence européenne, au sens où on parle d'une préférence américaine ou japonaise, c'est tout le tissu économique qui est appelé à se déchirer.

Car la concurrence des pays émergents est bien plus dangereuse qu'on ne le prétend habituellement : ces pays, notamment la Chine ou l'Inde, n'auront aucun intérêt à se spécialiser dans une production où ils disposeraient d'un avantage comparatif, puisqu'ils ne manquent d'aucun facteur de production. En clair, cela signifie qu'ils seront exportateurs de tous les types de produits et de services.

Il n'y aura pas, avant très longtemps, d'égalisation des niveaux de vie, l'« armée de réserve » de ces pays étant innombrable. Il y aura toujours un endroit où produire moins cher. Déjà en Chine, les acheteurs se déplacent, tous les cinq ans, de trois cents kilomètres à l'intérieur des terres, à la recherche des coûts salariaux les plus bas.

Depuis dix ans, nous assistons, dans notre pays, à l'émergence de deux phénomènes de grande ampleur aux conséquences économiques imprévisibles, qui nous emprisonnent en quelque sorte dans une double tenaille.

D'abord la tenaille de la *mondialisation sauvage* qui organise le découplage dangereux entre le capital et les actionnaires d'un côté, le travail et le territoire de l'autre. Avec une concomitance impressionnante dans le croisement des courbes : la courbe du capital s'envole, la courbe du travail s'écrase.

Ensuite, une deuxième tenaille, la mutation du capitalisme de production en un *capitalisme de rente*, qui provoque un second découplage. Le capitalisme de rente déconnecte, lui, la prospérité des entreprises et la prospérité des nations, l'évolution des profits et l'évolution des salaires.

Dans la quasi-totalité des pays développés, les entreprises sont devenues très prospères – elles ont une croissance rapide, une profitabilité élevée, des ressources financières abondantes –, mais cette prospérité ne se transforme pas en supplément de richesses pour les nations ni en pouvoir d'achat pour les salariés.

Cette dichotomie entre les entreprises et les économies est telle que, plus la croissance est molle, plus les profits explosent. C'est ainsi que les entreprises françaises affichent des profits très élevés et distribuent des dividendes records à leurs actionnaires, tandis que les salariés voient leur pouvoir d'achat stagner.

Au premier semestre 2006, les entreprises du CAC 40 ont engrangé un bénéfice net de 50 milliards d'euros, en augmentation de 25 % par rapport au premier semestre de 2005.

Les dirigeants de ces grands groupes n'ont pas été en reste, avec une rémunération moyenne annuelle de 2,2 millions d'euros ; une douzaine ont même bénéficié d'une augmentation de salaire supérieure à 20 %. Parallèlement, le pouvoir d'achat des ménages en France n'a augmenté que de 0,4 %.

Cette évolution choquante se trouve résumée dans l'exemple de Carrefour, le premier distributeur français.

L'ensemble des employés de ce groupe a reçu une augmentation de 1,79 % en 2004, alors que l'assemblée générale des actionnaires annonçait le 20 avril 2005 la distribution d'un dividende par action en hausse de 27 % pour l'exercice 2004. Quelques semaines plus tôt, le P-DG, Daniel Bernard, était remercié pour résultats insuffisants avec une indemnité de départ de près de 10 millions d'euros assortie d'une retraite supplémentaire, dite « retraite chapeau », qui lui garantit à vie 40 % de son dernier salaire. Carrefour a provisionné 29 millions d'euros pour y faire face !

Nous sommes entrés dans un processus régressif mortel, car pendant des années, l'économie de marché a montré sa supériorité en ce qu'elle était capable à la fois de générer son propre développement, et de concourir à la prospérité générale.

C'est Helmut Schmidt qui, en 1976, a le mieux exprimé cette dynamique positive : « Les profits d'aujourd'hui sont les investissements de demain et les emplois d'après-demain. »

Selon cet enchaînement logique, chacun, du chef d'entreprise au salarié, a le même intérêt partagé à la croissance de l'entreprise. L'efficacité économique rejoint l'efficacité sociale.

Ce qui est nouveau avec le capitalisme de rente, ce n'est pas seulement qu'il dissocie profondément les intérêts des actionnaires de ceux des salariés, mais qu'il crée les conditions de sa perte et d'un piège à stagnation.

Les entreprises, sous le juste prétexte de la concurrence des pays à bas salaires, compriment les coûts salariaux pour obtenir des gains de productivité et une hausse des profits. Le problème vient de ce que cette hausse des profits est essentiellement épargnée ou distribuée aux actionnaires. Elle n'est que très partiellement dépensée en investissements et très peu en augmentations salariales.

Ainsi, depuis le début des années 2000, les profits ne sont plus guère réinvestis. On constate même une chute sensible des investissements alors que le taux d'autofinancement atteint des niveaux très élevés : désormais supérieur à 100 % aux États-Unis, en Allemagne, au Royaume-Uni et au Japon, aux alentours de 85 % en France.

Les profits ne sont donc plus transformés en investissements, c'est-à-dire en choix d'avenir, ou en emplois, c'est-à-dire en gage de la stabilité sociale. Ils sont transformés en liquidités ou en placements financiers. Notre potentiel de croissance future est stérilisé.

Le piège tient à ce que ce système ne fabrique plus ni offre (pas d'investissement), ni demande (pas d'augmentation salariale). D'où l'expression de « capitalisme de rente », autrement dit un capitalisme sans projet. Les entreprises deviennent de simples vecteurs financiers et leur prospérité n'entraîne ni la prospérité des économies ni le revenu des salariés.

On comprend pourquoi les grands patrons du CAC 40 sont favorables à la « mondialisation heureuse » ; elle les comble de deux manières.

D'abord, par l'internationalisation des entreprises ; l'entreprise française moyenne cotée en bourse a 60 % de son emploi à l'étranger et réalise 65 % de son chiffre d'affaires hors de France. De ce fait, la croissance de son chiffre d'affaires et de son profit a de moins en moins de lien avec la situation économique française. C'est particulièrement vrai pour les entreprises du CAC 40 : la profitabilité recule en France mais les profits de ces entreprises explosent.

Ensuite, la mondialisation est une formidable machine à fabriquer des profits pour les entreprises des pays développés, parce que, grâce aux délocalisations et aux importations, elle permet de produire à des coûts dérisoires.

Les actionnaires mondiaux ont des exigences de rentabilité immédiate et très élevée. C'est ainsi que le standard international de rentabilité exigée pour un investissement est de 15 %. À cette aune-là, le Puy du Fou, par exemple, n'aurait jamais pris la décision d'investir dans sa dernière création, le Grand Carrousel. 15 % de rentabilité, c'est énorme.

Cette quête désespérée de hauts rendements financiers aboutit à la compression des salaires et des investissements. Bien que largement désendettés, les grands groupes abandonnent certains projets de développement et de recherche dont la rentabilité est jugée trop faible ou trop lointaine.

La préférence pour l'instant obère la préparation de l'avenir.

Cette dérive est accentuée par le bouleversement de la gestion de l'épargne depuis vingt ans. On est passé progressivement d'une détention *individuelle* des actifs financiers – les actions et les obligations – à une détention *collective* gérée par des professionnels, via des fonds d'investissement, de pension…

Or, le comportement d'un gérant professionnel n'a rien à voir avec celui d'une personne qui fait son arbitrage toute seule. Comme les individus ont des tempéraments divers, ils ont aussi des anticipations diverses face au risque ; ils investissent donc de façon diverse et finalement équilibrée. Au contraire, les gérants professionnels sont des moutonniers. Ils recherchent les plus hauts rendements avec aussi les risques importants qui y sont rattachés. C'est ainsi que naissent les bulles et les crises de demain.

En résumé, la première tenaille, celle de la mondialisation, comprime *le travail*, qui part en Chine. Et la seconde tenaille, la mutation vers un capitalisme financier, comprime le *pouvoir d'achat* des salariés. C'est la double dépression, celle des emplois et celle des revenus : il y a de moins en moins de travail et le travail qui reste assure de moins en moins de pouvoir d'achat.

Certaines régions ont su se tenir à l'écart de cette évolution. Elles ont tenu bon, sans se laisser emporter par cette déferlante.

La réussite de la Vendée a été, précisément depuis vingt ans, d'échapper à cette double tenaille : elle résiste à la mondialisation et elle n'est pas touchée par le capitalisme de rente, le capitalisme dévoyé.

Le contre-modèle vendéen que nous avons choisi de développer permet à la Vendée, aujourd'hui, de collectionner les lauriers : dans son Palmarès 2005, l'hebdomadaire *L'Express* [1] a classé la Vendée « premier département de France pour le dynamisme économique ».

« Un tissu économique digne d'un dragon asiatique, salue *L'Express*, avec 1 entreprise pour 14 habitants, contre 1 pour 22 dans le reste de la France. » Et d'énumérer les performances économiques exceptionnelles de l'économie vendéenne dans presque tous les domaines :

– la création d'entreprises ou d'emplois est, depuis dix ans, le double de la moyenne nationale ;

– l'agriculture, qui emploie deux fois plus d'actifs qu'en France, est en tête pour de nombreuses productions : la viande bovine, l'aviculture, le foie gras, etc. ;

– le tourisme vendéen occupe la deuxième place du palmarès national.

Dans le domaine social, la Vendée n'est pas en reste, avec un taux de chômage très en deçà de la moyenne

1. *L'Express*, n° 2862, du 11 au 17 mai 2006.

nationale, et le meilleur taux de réinsertion des Rmistes en France ! Dans certains arrondissements, on trouve des chiffres inférieurs à 3,5 % de chômeurs.

Le Palmarès de *L'Express* fait suite à celui du *Point* [1] qui place la Vendée au premier rang des départements français pour le nombre d'heures travaillées (1 577 heures par an et par salarié). Naturellement, cette coïncidence n'est pas un hasard. Chez les salariés, le goût du travail est très fort, le taux d'absentéisme est très faible.

Et pourtant, nous sommes au cœur d'un paradoxe : à l'écart des grands axes de communication, pauvre en ressources minières, sans ville importante, la Vendée n'a pas bénéficié de la révolution industrielle du XIXᵉ et du début du XXᵉ siècle.

S'il y a eu ce que l'on a appelé un « premier miracle économique » dans les années soixante, celui-ci n'a cessé, depuis cette époque heureuse, de se renouveler pour surmonter les défis successifs : celui du relais de la première génération d'entrepreneurs dans les années quatre-vingt-dix et donc, plus récemment, celui, gigantesque, de la globalisation et de la désindustrialisation.

Le paradoxe vendéen se résume en quelques questions : comment une société rurale, profondément enracinée dans une civilisation millénaire fondée sur l'agriculture, a-t-elle pu, en moins d'une génération, se convertir à la culture industrielle ? Comment un département adossé à la mer, qui est resté aussi longtemps enclavé, a-t-il pu se développer en générant par surcroît des champions nationaux du transport et de la logistique ? Pourquoi est-ce sur les terres les plus pauvres du département qu'est née une agriculture qui, sur le plan de l'élevage notamment, a raflé les premiers prix nationaux ?

---

1. *Le Point*, n° 1617 du 12 septembre 2003.

Enfin, comment cet ensemble économique trouve-t-il en lui-même ses propres ressources pour se renouveler en permanence et affronter de nouveaux défis ? La réponse est simple, elle tient en un mot : la volonté, la volonté des hommes, la volonté politique, un projet clair et patiemment bâti sur le moyen terme.

Le contre-modèle vendéen réussit aujourd'hui à concilier l'efficacité économique et l'efficacité sociale. Il a fait preuve, en vingt ans, de sa compétitivité et de son adaptabilité.

Pourquoi parler de « contre-modèle » ? Par référence au « modèle texan » qui sert de vitrine à l'économie européenne et qui fascine le CAC 40.

Le modèle texan est établi sur deux principes moteurs : la *concentration* géographique et une économie de *rente mondialisée.*

Le modèle vendéen prend appui sur deux principes inverses : le *maillage territorial* et une *économie de projets localisée.*

Le maillage territorial et sectoriel

Le modèle économique général, tel qu'il s'est déployé dans les pays occidentaux et tel qu'il se développe actuellement dans les grands pays émergents comme la Chine ou l'Inde, est tout, sauf bâti sur l'harmonie. On peut même le caractériser par le déséquilibre, la concentration, la spécialisation. Rien de tel pour la Vendée où la notion d'équilibre semble le mieux définir les racines du succès. Notre projet économique s'appuie sur le maillage, à partir de trois grands équilibres : l'équilibre des territoires plutôt que la concentration géographique, l'équilibre des secteurs plutôt que la concentration sectorielle, l'équilibre des activités plutôt que la concentration financière.

L'équilibre des *territoires* nous permet d'échapper à la surconcentration urbaine comme à la désertification rurale, grâce à un maillage de petites villes, souvent des chefs-lieux de canton, qui entraînent dans leur sillage un réseau de bourgs bien vivants.

Pour renforcer cet équilibre, le conseil général de la Vendée a lancé, en 1992, en même temps que notre projet de désenclavement, avec trois autoroutes et cinq cents kilomètres de deux fois deux voies, le projet de cinq « Vendéopôles », générant le partage des retombées économiques et fiscales pour toutes les communes, petites, moyennes ou grandes, riches ou pauvres, puisque leur assise est intercantonale.

La réalisation de ce projet passait par l'implantation, aux abords des axes routiers et autoroutiers majeurs du département, de zones tertiaires de grande qualité, modernes et paysagères, appelées à répondre à la demande des entrepreneurs pour la localisation de leurs activités futures et visant à placer la Vendée en concurrence directe avec les grandes métropoles que sont Nantes, Rennes, Francfort ou Barcelone.

L'originalité des Vendéopôles tient au fait que ce sont des sites aux atouts exceptionnels : un taux de paysagement de 30 % des surfaces totales, une grande qualité architecturale, une connexion parfaite aux réseaux de télécommunications à haut débit. Ils bénéficient d'une assistance spécialisée pour aller chercher les entreprises, d'un service de prospection international performant et d'une cellule d'intelligence économique à l'américaine.

Aujourd'hui, le succès des Vendéopôles dépasse les espérances : ce sont 150 entreprises créatrices de 6 000 emplois qui se sont implantées à ce jour sur les cinq premiers Vendéopôles ; c'est-à-dire que 2 millions de mètres carrés de surfaces cessibles ont été vendus et 122 bâtiments industriels ou de services sont sortis de terre.

Je me souviens d'une conversation fondatrice avec Henri Joyau, grand capitaine d'industrie et numéro un du transport, alors maire de Montaigu : « Pendant les Trente Glorieuses, on mettait en moyenne trente ans pour remplir nos zones industrielles. Il faudra probablement cinquante ans pour remplir tes cinq Vendéopôles. » Or, dix ans après leur ouverture, les voilà pleins.

En raison du succès de cette première génération, le conseil général de la Vendée a décidé de lancer une deuxième génération de sept nouveaux Vendéopôles. C'est toute la vie économique du département – jusqu'aux plus petites communes, parties prenantes des syndicats mixtes de gestion – qui est ainsi irriguée par les retombées de cette nouvelle valeur ajoutée.

Le plus étonnant est que, sans l'avoir cherché, ces Vendéopôles attirent aujourd'hui des fleurons nationaux sans lien avec la Vendée, ajoutant au développement endogène – par nous-mêmes – un développement exogène – par l'extérieur : le numéro un européen de la pharmacie naturelle a quitté la région parisienne pour s'installer sur le Vendéopôle de Montaigu, Louis Vuitton a créé deux unités aux Essarts, Leader Price s'est implanté à Boufféré, etc.

L'équilibre des *secteurs* est un formidable atout qui accompagne l'équilibre des territoires : nous n'avons pas fondé notre projet économique sur la concentration démographique qui a conduit la France à fairc coexister villes invivables et campagnes désertes ; pas plus sur la concentration économique. Notre moteur économique est un moteur à quatre temps : le tertiaire, l'industrie, l'artisanat, l'agriculture. Nous n'avons pas cherché à spécialiser la Vendée, en cédant à l'utopie d'une société sans usines au sens où Serge Tchuruk, le patron d'Alcatel, parlait « d'entreprises sans usines » ; nous n'avons pas écouté les mots d'ordre des tenants de la société post-industrielle, qui annonçaient que les emplois dans les services remplaceraient complètement les emplois industriels délocalisés. L'industrie, en Vendée, reste puissante, elle emploie 26 % de la population active contre 15 % au niveau national ! Elle-même s'est profondément transformée et diversifiée avec le déclin des industries de la mode, du textile, de la chaussure, et la montée en puissance de l'agroalimentaire, de la métallurgie, de la plasturgie…

La supériorité d'une économie diversifiée par rapport à une économie de mono-filière est évidente : d'abord, parce qu'elle conduit à ne pas mettre « tous ses œufs dans le même panier » ; ensuite, parce qu'elle tire profit de l'interdépendance des secteurs primaire, secondaire et tertiaire. Faire croire que chacun d'entre eux est autonome relève de l'imposture. L'industrie agroalimentaire, pour ne prendre que cet exemple, tire sa force de la proximité d'une agriculture innovante et inversement. C'est aussi parce qu'il y a encore des marchandises produites dans les usines qu'il y a encore des entreprises de service de transport et de logistique. Ainsi, la cohabitation d'activités différentes est source de synergie et de croissance pour chacune d'entre elles. Si, aux portes du bourg, l'usine ferme, le restaurant du centre-bourg fermera à son tour. Tout est lié en économie. Ne parle-t-on pas, aujourd'hui, d'une « agriculture tertiaire » ?

Les derniers résultats sont probants : ce sont deux mille huit cents entreprises qui ont été reprises ou créées en 2005, en Vendée, soit une progression de 5 %, alors même que la France perdait 1 % du nombre de ses entreprises créées ou reprises dans le même temps.

Du fait de cette floraison continue, l'équilibre entre la sphère privée et la sphère publique est beaucoup plus raisonnable qu'à l'échelle nationale : la Vendée ne compte que 12 % de fonctionnaires au sein de sa population active contre 17 % au niveau national.

Ces résultats ont été encore plus marqués en termes de création d'emplois dans l'industrie puisque, pendant que la France voyait ses effectifs salariés dans l'industrie diminuer de 8 %, la Vendée suivait une tendance inverse avec une hausse de 22 %.

Enfin, nous avons réussi à préserver l'équilibre entre les *activités marchandes* productrices de valeur ajoutée et les activités non marchandes de type associatif, qui produisent des services mais aussi du lien social et de la convivialité, c'est-à-dire en définitive de la qualité de vie. En Vendée, la sphère monétaire n'a pas digéré l'ensemble des rapports sociaux. L'une des particularités du département est d'être l'un de ceux où il y a, à la fois, le plus grand nombre d'entreprises pour 1 000 habitants, et le plus grand nombre d'associations – 15 pour 1 000 habitants. Chez nous, il se crée deux associations par jour !

Le dynamisme associatif est le frère siamois du dynamisme économique. Ce sont les mêmes qualités – le goût d'entreprendre, du travail en équipe, le sens de l'initiative et de la responsabilité – qui sont sollicitées.

Au cœur du mouvement associatif, il y a un trésor : le bénévolat. 77 000 bénévoles, soit 15 % de la population vendéenne, sont impliqués dans cet élan de générosité. Mais l'association est aussi un acteur économique à part entière, puisque 16 000 salariés en dépendent directement.

L'ensemble des activités associatives contribue enfin largement à l'aménagement du territoire. A-t-on déjà calculé ce qu'il en coûterait au contribuable d'assumer, dans la moindre petite commune, la charge des activités multiples dont s'occupent les associations ? Sans compter qu'elles sont des vecteurs irremplaçables du bien vivre ensemble.

Tous les experts de la «mondialisation heureuse» nous vantent les mérites du «tout-tertiaire». Je pense que cette prescription relève d'une doctrine de la défaite et de l'abandon de terrain, parce qu'un pays qui perd son agriculture en choisissant d'aller se nourrir sur les marchés mondiaux perd la bataille de l'avenir, celle de la souveraineté et l'arme alimentaire; et parce qu'un pays qui se désindustrialise perd sa force de frappe et sa puissance productive. Les Phéniciens, qui étaient de brillants commerçants mondialisés, n'auront finalement laissé derrière eux que de vagues souvenirs enfouis de poteries ébréchées sur les plages du Liban.

Cette vision d'une économie résiduelle qui consiste à céder à d'autres notre secteur primaire et notre secteur secondaire pour nous rabattre sur le tertiaire est une manière élégante de déclarer la bataille de la mondialisation perdue pour la France. Il faut au contraire continuer de mener les trois combats: une agriculture à forte valeur ajoutée, une industrie conquérante et un pôle de services et de recherche à la pointe. Voilà pour l'équilibre.

L'entreprise patrimoniale

Le deuxième point d'appui du contre-modèle vendéen, à l'inverse de l'évolution nationale qui installe le capitalisme de rente, se résume en un mot: «l'entreprise patrimoniale», celle dont les «fonds propres» sont les propres fonds, celle dont les dirigeants possèdent une part significative du capital. Avec plusieurs atouts majeurs.

Le premier atout, c'est sa *taille*, qui permet toutes les rotations sur elle-même, toutes les adaptations aux terrains les plus divers. Contrairement à la grande structure rigide, lente à se mouvoir et à réagir aux anticipations, la PME est souple, mobile, rapide, légère, incisive et offensive.

Il est, à cet égard, révélateur que la Vendée soit devenue, en vingt ans, en même temps qu'un tissu maillé de « PME rurales », une terre de leaders mondiaux, qui dament le pion à des mastodontes américains, allemands ou japonais. Il y a, au moins, trente leaders mondiaux en Vendée.

L'histoire économique récente regorge de ces sagas d'artisans charcutiers devenus en vingt ans des champions du monde agroalimentaire, de ces petits réparateurs de bateaux de pêche devenus en vingt ans champions du monde de la plaisance : Sodébo, leader de la pizza en rayon frais, Bénéteau, devenu numéro un mondial de la navigation de plaisance, Fleury-Michon, leader européen de plats cuisinés, Defontaine, leader mondial des couronnes de démarreurs, Rougié-Bizac, premier producteur mondial de foie gras, Cougnaud, numéro un du bâtiment modulaire, etc.

Ce patriotisme d'entreprise induit un esprit conquérant. Cet enracinement a été, pour de nombreux Vendéens, une force qui leur a permis de s'élancer à la conquête des marchés mondiaux, de développer une créativité hors du commun. Ainsi, les frères Rautureau, à La Gaubretière, où leur père et leur grand-père étaient cordonniers, ont conquis l'Asie en inventant des chaussures aux formes et aux couleurs les plus originales. Hier cordonniers condamnés, les voilà aujourd'hui cordonniers qui chaussent le monde entier, jusqu'aux petits pieds de Madonna.

La Vendée est l'un des départements les moins dépendants de France, les moins dépendants des centres de décision extérieurs. 29 % des salariés vendéens dépendent de centres de décision extérieurs au département contre 45 % en moyenne nationale.

Le paradigme économique vendéen dément formellement l'idée, hélas trop répandue chez les élites mondialisées, que seuls les mastodontes peuvent lutter efficacement dans une économie planératisée.

C'est la petite taille qui permet souvent les plus grandes percées.

Et puis, n'oublions pas les alliances, la capacité des PME de s'allier, de s'entraider, de s'accorder sur un même objectif.

Nous venons de créer, en Vendée, l'équivalent de ce que les Américains appellent l'« Advocacy Center », c'est-à-dire une cellule d'intelligence économique capable d'organiser des synergies entre PME pour aller débusquer les nouveaux marchés. Cette idée de fédérer les énergies pour cueillir des opportunités vient de trouver un point d'application spectaculaire avec l'appel d'offres d'Airbus sur les matériaux du futur qui a été brillamment remporté par une kyrielle d'entreprises de plasturgie et de robotique regroupées sous la bannière vendéenne.

On voit bien, à travers ces illustrations concrètes, que la taille – la petite taille – n'est pas un handicap pour affronter la concurrence mondiale. C'est même un atout parce que la vitesse d'adaptation est devenue un critère décisif de la réussite.

Mais il n'y pas que la *taille* qui soit un atout pour nos PME, il y a aussi la *structure* elle-même : la PME est incarnée par un entrepreneur qui pense en termes de projet et d'investissement et non pas par un manager qui rend des comptes, au jour le jour, à des actionnaires fugaces et gourmands et pense donc en termes de rentabilité financière immédiate. Le manager gère l'argent des autres. L'entrepreneur de terrain gère son patrimoine.

Sur les 31 000 entreprises vendéennes, 92 % comptent moins de 9 salariés.

Ce tissu de PME, qui irrigue l'ensemble du territoire, est une carte maîtresse pour l'aménagement de l'espace ; les 9700 entreprises artisanales sont implantées essentiellement dans des communes de moins de 2000 habitants, ce qui représente, pour elle, une richesse économique remarquable, grâce à la créativité et à la flexibilité de ses entreprises.

Par rapport au modèle national de la grande entreprise, hier nationalisée, aujourd'hui fortement soutenue par l'État pour les grands contrats d'exportation et souvent dirigée par d'ex-hauts fonctionnaires, la réussite vendéenne doit tout au contre-modèle de la PME familiale. Ces entreprises ont montré qu'elles étaient efficaces et même plus profitables que les autres, puisque leur rentabilité, selon une étude nationale, est deux fois supérieure aux sociétés cotées en bourse.

Leurs dirigeants ne gèrent pas d'abord leur carrière, ils développent leurs affaires, et comme la taille de leur entreprise ne leur donne pas toujours la masse critique pour peser de façon déterminante sur un marché, ils sont condamnés à innover sans cesse pour anticiper les désirs du client.

Le capital de ces entreprises étant le plus souvent familial, il est d'une stabilité à toute épreuve. Une enquête de *Business Week*, faite sur le turn-over des actionnaires, a montré que le capital des grands groupes mondiaux comme General Motors ou IBM se renouvelle tous les vingt-trois mois, celui de Yahoo ou d'Amazon toutes les semaines ! Il va sans dire que leurs dirigeants sont obligés d'avoir l'œil rivé en permanence sur les analyses financières plutôt que sur les produits. Tandis que nos chefs d'entreprise, qui ont souvent démarré leur vie active à la production, connaissent parfaitement leurs produits et passent plus de temps avec leurs clients et leurs salariés qu'avec les analystes financiers !

Cette vision à long terme permet à l'entreprise d'investir sur l'avenir. Lorsqu'un investissement a un taux de rentabilité faible dans le court terme, mais qu'il est jugé utile pour l'avenir de l'entreprise, la décision sera prise, malgré tout, de l'effectuer.

Inversement, dans une situation difficile, le premier réflexe du dirigeant ne sera pas de licencier ; le licenciement est toujours envisagé comme l'étape ultime, lorsque tout a été tenté par ailleurs. Cette persévérance, au sens où l'entendait Max Weber en parlant « d'ascétisme patronal », est un facteur déterminant pour l'efficacité dans la durée.

Dans ces PME familiales, l'intérêt supérieur de l'entreprise prime sur tout le reste. Ainsi, les bénéfices dégagés sont prioritairement affectés à l'investissement plutôt qu'à la distribution de dividendes. De toute façon, l'actionnaire principal, lui, ne fuira pas si ses capitaux sont peu rémunérés, puisqu'il est le patron, c'est-à-dire l'acteur de ses choix et de ses arbitrages.

Le troisième atout tient à *l'esprit* même de la PME.

Le fait que dirigeants et salariés se connaissent, parce qu'ils habitent souvent le même lieu et qu'ils ont vécu une enfance commune, change tout dans les rapports sociaux au sein de ces entreprises à taille humaine. C'est sans doute l'explication principale de ce qu'il y a, en Vendée, beaucoup moins de conflits sociaux qu'ailleurs malgré un grand nombre d'entreprises.

Mais l'ancrage solide dans leur terroir est aussi et paradoxalement le meilleur moyen d'affronter la mondialisation. Curieusement, la globalisation, en tentant d'enjamber les États, donne aux territoires à forte identité un avantage comparatif inattendu. En Vendée, mais aussi dans quelques régions d'Europe, on observe le même phénomène : la performance des entreprises dépend directement de leur capacité à tisser des liens de coopération avec d'autres entreprises similaires ou complémentaires ou avec des instituts de formation sur leur propre territoire.

Cette organisation particulière, en réseau, formelle ou non, porte le nom français de « système de production localisée », le nom anglais de « cluster » ou italien de « district ». Partout en Europe, les régions qui tirent leur épingle du jeu mondial sont celles qui ont su valoriser leurs cultures locales et où les entreprises attachées à leur terroir s'organisent en réseau. C'est le cas, en Allemagne par exemple, du Land de Bade-Wurtemberg autour des biotechnologies ; en Espagne, avec la Galice autour de la mécanique ; en Italie du Nord, autour des industries de la mode ou encore, en Haute Autriche, pour le bois.

La Vendée a expérimenté avec succès cette organisation qu'elle pratique depuis longtemps de façon informelle : la forte densité de PME autour de métiers très identifiés, une solidarité exceptionnelle qu'atteste le record de France du nombre des clubs de chefs d'entreprises, et une pratique de la coopération entre élus et chefs d'entreprise sur les grands thèmes de développement, en sont l'expression la plus évidente.

Le contre-modèle vendéen est doublement paradoxal : d'abord parce qu'il n'obéit pas aux lois de la concentration géographique et sectorielle ; ensuite, parce que ses bons résultats, il les obtient même dans l'industrie, secteur le plus attaqué par la concurrence internationale.

Il doit tout aux hommes et à leurs valeurs et bien peu aux rentes de situation.

Et il a su résister au temps ; depuis vingt ans, il a surmonté les deux défis économiques majeurs actuels : la mondialisation et le capitalisme financier. Face à la mondialisation, et grâce à leur enracinement, les entreprises ont développé une capacité de création et de réaction qui leur assure un temps d'avance. Face au capitalisme financier, le modèle vendéen se rapproche plus du modèle rhénan que du modèle texan ! Allons plus loin : là où s'installe la dissociation, voire même la divergence, entre dirigeants et actionnaires, entre efficacité économique et efficacité sociale, entre le capital et le travail, entre le court terme et la durée, le capitalisme vendéen fait preuve d'une certaine forme de *supériorité morale.*

Je dis bien de *supériorité morale.* Parce que le dirigeant-actionnaire est par nature le partenaire de son *équipe* et le partenaire du *territoire* où il a choisi de vivre.

Partenaire de son *équipe*, il l'est tous les jours. L'un d'entre eux formulait ainsi cette proximité siamoise qui confond le travail et le capital dans la même convergence de regard et d'intérêt : « Moi, en tant que chef d'entreprise, j'affirme que mon premier capital, c'est le travail, la qualité du travail. » Nous voilà loin du CAC 40, où le travail est regardé comme une charge, un obstacle aux ivresses cosmiques de l'argent-roi. Les statistiques des conflits sociaux révèlent que la Vendée est très loin des moyennes nationales : il y a neuf fois moins de journées perdues par salarié du secteur industriel.

Le respect du travail implique sa juste rémunération. On serait tenté de penser que, pour résister à l'environnement mondial des bas salaires, les entrepreneurs des PME vendéennes ont choisi de sous-payer les salariés ; ce n'est pas le cas. C'est même l'évolution inverse qui s'est produite : le revenu des ménages vendéens est marqué par sa très forte progression au cours de la décennie 1990-2000. Pendant qu'il progressait d'à peine 21 % sur toute la France, il atteignait + 27 % en Vendée, signe supplémentaire d'un progrès partagé, qu'un autre chiffre vient encore renforcer : l'INSEE[1] nous apprend que l'échelle des salaires en Vendée est beaucoup plus resserrée qu'ailleurs. L'écart-type entre la moyenne des plus bas revenus et la moyenne des plus hauts revenus est de 3,7 en Vendée contre 5,5 sur l'ensemble du pays. Plus intéressant encore parce qu'il balaye bien des idées reçues, le revenu moyen du premier décile, c'est-à-dire des salaires les plus modestes, est en Vendée le plus élevé de celui des Pays de la Loire : il est également nettement plus élevé qu'en moyenne nationale.

Ce progrès partagé relève d'une mentalité de bâtisseur, qui pousse les habitants de ce territoire à agir plus qu'à revendiquer, à prendre leur destin en mains plutôt que d'attendre le bonheur venu d'ailleurs. C'est en fait la société dans son ensemble qui est tendue vers le progrès, vers le goût d'entreprendre, vers l'action et l'innovation quotidiennes.

Avec un sens particulier de la communauté qui déborde le monde associatif et déploie ses effets bénéfiques dans le monde économique, l'esprit d'équipe entretient un consensus social qui permet à l'entreprise de mobiliser toute son énergie pour ses produits et ses clients. Cette solidarité est même allée jusqu'à la défense du patron par ses salariés, au premier rang desquels se trouvaient les syndiqués ! Cela s'est passé en 1999 au Boupère, lorsque les actionnaires lointains ont décidé un changement de cap chez Gautier Meubles, sans l'assentiment du dirigeant Dominique Soulard. Son licenciement a provoqué la grève générale. Tous les salariés ont fait bloc autour du chef d'entreprise pour sauver leur outil de travail. Je me souviens très bien de cette situation inédite : la CFDT m'avait demandé de venir, dans l'usine, devant les deux mille salariés, pour apporter mon appui à la grève… en faveur

1. INSEE, Pays de la Loire, mars 2005.

du patron. Moment extraordinaire de solidarité. Le message envoyé aux actionnaires parisiens était simple : « C'est ou la réintégration du directeur général Dominique Soulard ou la grève illimitée. »

Contrairement au manager, structurellement solidaire des actionnaires, l'entrepreneur est donc structurellement solidaire de ses ouvriers et de ses cadres. La convergence d'intérêts s'organise, dans le premier cas, autour du capital, dans le second cas, autour du travail.

Mais, si je parle de « supériorité morale » du système des PME sur le capitalisme du CAC 40, c'est parce que le dirigeant-actionnaire, partenaire de son équipe, se sent aussi le partenaire du *territoire*.

Un exemple parmi tant d'autres : la Vendée a deux mille cinq cents sapeurs-pompiers volontaires. C'est – paraît-il – un record national. Alors que partout, on note une crise du volontariat, chez nous il s'épanouit. Pourquoi ? Parce que les entreprises mettent un point d'honneur à signer avec le Service départemental d'incendie et de secours des conventions de mise à disposition, sur leur temps de travail, pour certains de leurs salariés sapeurs volontaires. C'est, pour les entreprises, une manière de participer à la vie du voisinage, comme si l'objet social des sociétés s'élargissait ainsi à une dimension mécénale.

Autre exemple : quand il a fallu créer une société d'économie mixte pour acheter la propriété de la course autour du monde portant le nom célèbre de « Vendée Globe », le conseil général de la Vendée a souhaité associer les entreprises vendéennes contre une contribution non remboursable, donc une participation mécénale.

En cent vingt minutes seulement, le tour de table était bouclé. Les trente fleurons du département avaient donné leur accord.

Au moment où la France s'enfonce dans les déficits et l'endettement, avec une sphère publique beaucoup trop lourde, la proposition est simple : et si on jouait la carte de la petite entreprise, celle qui crée l'emploi et qui est aujourd'hui découragée ? Et si on appliquait ce nouveau principe : « Mieux vaut l'artisanat que l'assistanat » ?

Mon projet économique national découle naturellement de mon expérience vendéenne. La Vendée n'est pas la France, mais elle ressemble à beaucoup d'autres territoires qui réussissent dans la discrétion infra-médiatique. Les cent départements qu'il m'a été donné de visiter récemment ont confirmé cette leçon des faits : la France n'encourage pas ses PME. Elle les maltraite. Elle a toujours préféré les grandes entreprises, d'ailleurs souvent dirigées par des énarques, ce qui explique cette inclination de caste, et l'osmose qui existe entre la classe dirigeante administrative et l'élite économique. À population équivalente, il nous manque un million de PME par rapport à l'Angleterre avec les emplois correspondants.

C'est pourquoi je propose, pour la France, un patriotisme libérateur, établi sur deux urgences : à l'extérieur, protéger ; à l'intérieur, libérer.

À l'extérieur, protéger les entreprises

Cela veut dire les défendre face à une concurrence déloyale, ce qui implique d'instaurer des tarifs douaniers protecteurs mais fluctuants aux frontières de l'Europe. Mais aussi favoriser l'émergence d'un patriotisme d'entreprise, avec l'actionnariat universel, ce qui impliquerait demain vingt millions de salariés actionnaires qui défendraient leur entreprise pour faire face aux OPA et freiner les délocalisations.

Protéger nos entreprises, c'est aussi encourager l'achat des produits français par le consommateur. Pourquoi ne pas créer un label tricolore pour des produits « 100 % français » visant à encourager une consommation citoyenne ?

Par ailleurs, il est urgent de mettre en place une réglementation protectrice, sur le modèle américain, qui interdirait toute prise de contrôle extérieure dans les secteurs stratégiques.

Mais, surtout, il faut changer l'impact de la charge fiscale. Aujourd'hui, l'impôt pèse sur la production et pénalise donc l'emploi français. Il faut que, demain, il pèse sur l'importation, c'est-à-dire sur les entreprises produisant dans des pays qui n'imposent pas les mêmes contraintes sociales que le nôtre.

Alors, il redeviendra rentable de produire français.

À l'intérieur, libérer les énergies

Il faut libérer le travail, c'est-à-dire permettre aux Français de travailler plus et de gagner plus, en libérant l'âge de la retraite, en abrogeant les 35 heures obligatoires, en remettant le travail à l'honneur.

Je propose qu'on mette en place un patriotisme fiscal libérateur : avec une baisse drastique des charges de 50 % qui pèsent sur les PME-PMI, ce qui permettra de créer un million d'emplois en douze mois ; avec une limitation constitutionnellement garantie d'un taux maximal des prélèvements à 33 % ; et aussi avec la suppression de l'ISF pour faire revenir en France les capitaux.

Libérer les énergies, c'est donner la priorité aux petites structures, par exemple en privilégiant les artisans et les commerçants sur les grandes surfaces ; c'est encore favoriser l'implantation d'entreprises dans les zones géographiques en souffrance, car il est urgent d'encourager, par des mesures incitatives, le maintien de petites et très petites entreprises dans le monde rural afin de lutter contre la désertification.

Un viticulteur, un artisan, un agriculteur passent un bon quart de leur temps à remplir des formulaires de contrôle. Je propose qu'on renverse la charge de la paperasse : ce ne sera plus à l'entreprise de remplir la paperasse de l'administration mais à l'administration et à ses contrôleurs de remplir la paperasse de l'entreprise. Qu'on rehausse les seuils de 10 et 50 salariés, qu'on favorise l'accès des PME aux marchés publics, aujourd'hui réservés par Bruxelles aux grandes sociétés multinationales.

Je crois à l'esprit d'entreprise, aujourd'hui brimé. Je crois que la mondialisation doit être corrigée pour permettre à nos producteurs de continuer à produire chez nous. Je refuse le capitalisme dévoyé, celui qui prospère, à Paris, à partir de la Chine. Celui qui enrichit les riches des pays pauvres et qui appauvrit les pauvres des pays riches.

Si l'on veut générer de la croissance, de l'emploi et de la richesse, il faut repartir sur de bonnes bases : celle des créateurs, la France qui se lève à l'aube et finit tard ses journées.

Mon objectif est simple : couvrir, demain, la France de PME et mettre nos administrations au service de leur développement.

Mon projet économique tient en une phrase : *plus de travail et moins d'impôt*. Il faut tourner la France et sa jeunesse vers le travail et sortir notre pays de la culture de l'impôt.

Aujourd'hui, beaucoup de Français s'exilent. Nous assistons, impuissants, à la triple hémorragie des cerveaux, des capitaux et des sièges sociaux. Et pendant ce temps-là, les pouvoirs publics signent des chèques sur le compte bancaire de nos petits-enfants.

Pour pouvoir baisser les impôts, il faut sortir de la spirale infernale « dépense – déficit – dette ». Je propose quelques pistes pour trouver l'argent nécessaire et faire des économies substantielles : la suppression des 35 heures obligatoires, c'est 100 milliards d'euros économisés. L'immigration zéro, c'est 36 milliards d'euros. La suppression de l'aide médicale d'État, 2 milliards d'euros. Le non-remplacement d'un fonctionnaire sur deux qui part à la retraite, c'est 50 millions d'euros, etc.

Il s'agit finalement de mettre le budget d'État au service de la nation et non plus de mettre la nation au service du laxisme budgétaire. Si les maires de France géraient leur budget comme l'État gère le sien, ils seraient immédiatement suspendus et mis sous tutelle par leur préfet.

Le complice des politiciens laxistes qui laissent filer les déficits, c'est l'euro. Il n'y a plus la sanction des marchés. Le laxisme n'est plus signalé ni puni. Il faudra bien qu'un jour, la question de l'euro, qui n'a tenu aucune de ses promesses, soit posée au peuple français.

Chapitre 5

Le record de France de l'apprentissage

Lorsque le groupe Ponroy, le groupe Vuitton, le groupe Leader Price ont choisi, parmi les trente sites pressentis, l'implantation en Vendée, je leur ai posé la même question, à laquelle ils ont apporté la même réponse :

– Quel a été le critère déterminant de votre choix ?

– La fluidité routière et autoroutière, donc l'accessibilité, l'image de dynamismc – lc Vendée Globe – mais surtout votre appareil de formation qui, nous a-t-il semblé, est bien adapté à ce que nous recherchons pour choisir nos cadres, avec votre binôme « qualité – débouchés ».

En d'autres termes : « Faites-nous une bonne école, et nous vous ferons une bonne économie. »

Et, en effet, derrière le tissu très dense de nos PME, la floraison d'entreprises artisanales, le maillage de pôles économiques harmonieusement répartis sur le territoire vendéen, il y a un dynamisme et un état d'esprit qui passent par l'école.

Très tôt, l'école vendéenne met à la disposition des jeunes deux outils pour réussir : le goût de leurs racines et le goût du travail.

Nos jeunes apprennent à aimer leur région, et donc leur pays, et ils développent en eux l'esprit d'entreprise plutôt que le culte morbide de l'assistance.

L'efficacité de notre système de formation apparaît au travers de quelques indicateurs. Par exemple, le taux de réussite au baccalauréat en Vendée est de 90 %, donc nettement au-dessus de la moyenne nationale, et de nombreuses formations supérieures offrent un débouché à 95 % des étudiants dans les six mois qui suivent leur formation.

Nous avons pris le problème de la formation à rebrousse-chemin par rapport aux pratiques et à la doctrine de l'Éducation nationale.

Pour l'Éducation nationale, la *liberté de choix scolaire* est *périphérique*. En Vendée, elle est *centrale*.

Pour l'Éducation nationale, l'*apprentissage* est un principe *secondaire* ; en Vendée, il est un principe *supérieur*.

Pour l'Éducation nationale, l'*université* est l'affaire des *villes* ; nous en avons fait l'affaire des *campagnes*.

La liberté de choix de l'école

La liberté, en Vendée, ne se limite pas à un simple objet de négociation entre états-majors, elle est une réalité concrète, vécue comme une chance.

Chacun des enseignements – public et privé – scolarise, aux niveaux primaire et secondaire, à peu près 50 % des élèves. Il existe donc un parfait équilibre et les familles ont ainsi le *choix de l'école*. Elles ne sont pas contraintes par une carte scolaire qui les empêcherait de faire jouer la concurrence ou les conduirait à faire un choix par le biais des relations ou des dérogations.

Le dualisme scolaire, encouragé par le département, assure, entre les établissements, une réelle émulation.

Lorsqu'un nouvel établissement public se crée, le chef d'établissement a à cœur d'offrir une formation qui lui permet d'être plus attractif que son concurrent privé et vice versa.

Ce dualisme, qui devrait être la règle, est spécifique à la Vendée ; le conseil général a toujours pris soin d'assurer l'équilibre entre les deux types d'enseignement sans jamais privilégier l'un par rapport à l'autre.

Ce sont les parents qui choisissent la forme d'enseignement qui leur paraît la mieux adaptée pour leurs enfants, ce sont les parents qui, en fonction de leurs souhaits, en fonction de l'équipe pédagogique aux commandes dans tel ou tel collège, dans tel ou tel lycée, font le choix d'inscription de leurs enfants.

Ce combat pour l'égalité des deux types d'enseignement se heurte à une multitude de contraintes. La loi Falloux en est l'exemple le plus flagrant et la mauvaise foi des partisans du monopole public a conduit le département, à plusieurs reprises, à batailler devant les tribunaux pour justifier les subventions qu'il verse à l'enseignement privé.

Sur le plan financier, le déséquilibre est flagrant puisque, chaque année, le conseil général consacre 1,9 million d'euros à l'investissement pour les collèges privés – le maximum que la loi lui permet –, alors qu'il consacre, pour remplir ses obligations légales, 10 millions d'euros à l'enseignement public. La différence est prise en charge par l'implication des parents.

Il est souhaitable que la liberté scolaire, aujourd'hui périphérique, puisse être assurée partout et qu'un financement équitable puisse être mis en place entre les différents enseignements.

Ce dualisme scolaire qui existait dans l'enseignement primaire et secondaire, le conseil général a fait en sorte qu'il existe au niveau des formations supérieures.

Des formations supérieures publiques et privées

Nous avons pris soin de développer un enseignement supérieur public et privé nous permettant aujourd'hui, alors qu'il n'y avait quasiment pas d'étudiants il y a quinze ans, d'en accueillir plus de sept mille.

Nous avons fait sortir de terre un Centre universitaire départemental qui est une antenne décentralisée de l'université de Nantes.

Alors que ce centre dispensait des formations de type DEUG hautement théoriques comme la sociologie ou la psychologie, nous avons réussi progressivement à l'orienter vers des formations à caractère professionnel, répondant aux souhaits des entreprises de notre région et se situant sur des créneaux particuliers.

C'est ainsi que nous y avons développé une licence professionnelle «Hôtellerie et Restauration», une licence «Développement local» ou encore une licence «Protection de l'Environnement» qui correspondent à des métiers nouveaux.

L'enseignement public, au travers de cette professionnalisation des formations, a trouvé sa place, et les résultats décevants que rencontraient les formations de type DEUG – 30 % d'élèves reçus – ne sont plus qu'un mauvais souvenir.

L'orientation professionnelle, nous l'avons adossée au développement d'un IUT qui accueille quatre départements dans des secteurs bien spécifiques liés au tissu industriel vendéen, comme par exemple la formation en génie biologique.

La diversité des formations technologiques et professionnelles constitue l'originalité des formations supérieures publiques dispensées en Vendée. Nous n'avons pas souhaité décalquer les formations publiques traditionnelles qui débouchent sur l'échec des étudiants et sur une absence totale de débouchés. N'oublions pas que seul un étudiant sur dix inscrits à l'université obtiendra une maîtrise ou un master et que, trois ans plus tard, 15 % n'auront toujours pas d'emploi.

En professionnalisant les formations publiques, nous avons, en Vendée, mis en place un projet qui nous éloigne de cet immense gâchis.

Et puis, nous avons encouragé la création d'un institut supérieur de haute qualité. Dans cet établissement privé, le choix a été celui de l'excellence.

Il était inimaginable, il y a dix ans, que la Vendée puisse accueillir des masters et des licences. C'est le cas aujourd'hui à l'ICES où huit formations de niveau bac + 4 sont dispensées dans les matières aussi diverses que le droit ou les sciences.

Ce que nous avons développé au travers de l'ICES, c'est ce que l'université n'aurait jamais dû cesser d'incarner, une filière d'excellence. Avec un concept original, celui de l'« école universitaire ». L'ICES remplit parfaitement ses missions et accueille chaque année neuf cents étudiants qui viennent chercher un enseignement de grande qualité et un suivi personnalisé.

Cette école universitaire appuie sa réussite sur des choix qui sont à l'opposé de ceux de l'université publique traditionnelle :

– de petites promotions qui permettent de prendre en compte les difficultés et les attentes de chaque étudiant ;

– un enseignement de qualité mixte assuré par deux cents professeurs qui viennent pour partie de l'université et pour partie des administrations ou des entreprises ;

– un suivi personnalisé de la formation avec, tout au long de la scolarité, un contrôle de l'acquisition des connaissances. Nous sommes loin de l'anonymat des facultés qui correspond si mal aux besoins de certains étudiants ;

– enfin, nous avons mis l'accent sur la responsabilité personnelle de l'étudiant afin de le préparer à son futur environnement professionnel. Les formations, à l'ICES, sont certes théoriques, car il s'agit de formations universitaires de haut niveau, mais elles n'oublient jamais la finalité professionnelle qui doit être la leur.

Ce choix a porté ses fruits : le concept d'« école universitaire », unique en France, remporte un réel succès. Les résultats obtenus par les étudiants sont remarquables puisque plus de 85 % des étudiants y réussissent leur examen universitaire, contre 30 % dans l'université publique.

Le gâchis si souvent évoqué à propos de l'enseignement supérieur est évité dans cette formule nouvelle. L'ICES n'a pu exister que grâce à la liberté universitaire et à la volonté farouche du conseil général de le mettre en place et de participer à hauteur de 50 % à son financement. Les aides de l'État, malgré les excellents résultats, ont été parcimonieuses. Puis elles ont été supprimées en 1998 par Jack Lang, ministre de l'Éducation nationale.

Alors que les bons résultats obtenus par l'ICES auraient dû conduire à une réflexion et peut-être à une réforme de l'enseignement universitaire public, Jack Lang, tout à son idée de faire disparaître ce qui marche, s'est engagé dans le chemin contraire.

Par ailleurs, l'ICES a développé, à l'image des universités publiques, des secteurs de recherche en sciences humaines qui font autorité autour du centre Hannah-Arendt, dont la liberté de ton et d'esprit tranche avec les discours souvent convenus et orientés que l'on retrouve trop souvent dans les laboratoires de recherche de l'enseignement public.

À l'ICES, la parole et l'écrit sont libres. Cette liberté intellectuelle a attiré de nombreux professeurs de renom qui viennent de loin, tout à la fois y dispenser un enseignement et y assurer une fonction de recherche.

Cette institution universitaire est le fruit de la liberté et de notre volonté d'expérimenter de nouveaux types d'enseignement.

Le record de France de l'apprentissage

L'apprentissage en Vendée est à l'origine du succès scolaire de nombreux élèves et sous-tend notre réussite économique. Aussi bien a-t-il été développé dans des secteurs tout à fait particuliers et dans une démarche novatrice.

À côté des centres de formation par l'apprentissage de facture traditionnelle – c'est-à-dire les CFA, qui accueillent 3 800 apprentis en Vendée –, prospère aussi un réseau original, celui des Maisons familiales rurales, qui constitue un exemple de formations réussies.

Les formations disséminées en Vendée, au travers de 28 Maisons familiales rurales, auxquelles sont associés 4 500 entreprises partenaires, accueillent des jeunes en apprentissage ou en contrat de qualification.

Chaque année, ces 28 établissements accueillent 1 500 apprentis qui vont se former à un métier et qui trouveront tous, à l'issue de leur formation, un emploi. L'originalité des formations dispensées dans les Maisons familiales rurales repose sur quatre éléments :

– d'abord, les *familles* sont très impliquées dans le projet éducatif ; c'est même l'association des parents et leur dialogue avec les professionnels qui permettent de déterminer le contenu des formations ;

– ensuite la priorité est donnée à des formations par *alternance*, ce qui permet à des jeunes, parfois en difficulté dans le système scolaire traditionnel, d'être confrontés au monde des entreprises et à des situations concrètes.

L'expérience sur le terrain est primordiale, elle redonne confiance aux jeunes en difficulté ;

– *l'assise rurale* est systématiquement recherchée : les 28 Maisons familiales rurales sont réparties sur l'ensemble du territoire vendéen, les responsables sont tous issus du monde rural, et mettent leur expérience au profit des jeunes ;

– enfin, une des priorités de cette pédagogie est la *formation humaine*, c'est-à-dire l'apprentissage de la solidarité, le sens des responsabilités, la passion du travail, afin d'aider chaque jeune à trouver sa voie et à choisir son métier.

Là encore, bien que nous soyons face à un type de formation qui remplit parfaitement sa fonction et qui « sauve » chaque année de nombreux jeunes en difficulté, les apparatchiks de l'Éducation nationale regardent ce travail avec circonspection, pour ne pas dire avec mépris. Il aura fallu, pour maintenir en vie les Maisons familiales rurales, l'intervention quasi quotidienne du conseil général à leurs côtés pour vanter leur savoir-faire et pour les soutenir financièrement.

Il existe aussi, en Vendée, d'autres formations par alternance, des formations publiques, des formations consulaires, des formations professionnelles. Nous détenons aujourd'hui un record de France : il y a, en Vendée, *deux fois plus d'apprentis que la moyenne nationale.*

Il y a 1 apprenti pour 80 habitants en Vendée, contre 1 apprenti pour 160 habitants en France. Du fait que les formations par l'apprentissage sont promues et non dévaluées, elles attirent les jeunes. C'est assurément une des clés de notre réussite économique. C'est également un puissant garde-fou qui limite en Vendée le nombre des déshérités du savoir, glissant sur la pente du déracinement social.

L'importance de l'apprentissage est une réponse à cette imposture qui a consisté à décréter qu'avec le *collège unique*, le passage *automatique* en classe supérieure, les classes *hétérogènes* et l'objectif de *80 % d'une classe d'âge au bac*, il suffirait de multiplier les moyens financiers pour transformer tous les élèves en intellectuels diplômés.

Un des éléments majeurs qui contribue au succès de l'apprentissage, c'est que nous avons veillé à ne pas en faire une filière de l'*échec* mais au contraire une filière de l'*excellence.* C'est ainsi que la Vendée a été le premier département de France à mettre en place une *école d'ingénieurs par l'apprentissage* à bac + 5.

Cette réalisation s'est révélée particulièrement judicieuse puisque, aujourd'hui, cette institution de forme inédite remporte, auprès de ses étudiants et des entreprises, un réel succès.

Les offres de contrats d'apprentissage et d'emplois, à la sortie, sont très largement supérieures au nombre d'étudiants formés et cette école prépare aujourd'hui, dans le domaine de la mécanique et des automatismes industriels, de nombreux cadres pour les PME-PMI vendéennes.

Cette école, présidée par un industriel, accueille deux cent quarante élèves et le partenariat avec l'entreprise s'inscrit comme une démarche prioritaire dans son concept fondateur. Cela se traduit tout au long de la scolarité des étudiants apprentis.

Les formations de cette école durent cinq ans et sont dispensées dans le cadre d'un contrat d'apprentissage. La petite taille des promotions permet là encore un suivi personnalisé des étudiants.

Depuis sa création en 1994, ce sont trois cent quarante ingénieurs qui ont été formés. 100 % ont actuellement un emploi et 80 % des étudiants obtiennent un travail avant la fin de leur temps d'études.

50 % des ingénieurs formés travaillent en Vendée, ils contribuent à élever le niveau de formation dans les PME-PMI vendéennes et nombre d'entre eux assurent ou assureront la pérennité de ces entreprises.

Le bilan est très positif puisque l'offre des entreprises est beaucoup plus importante que le nombre d'ingénieurs formés.

L'apprentissage permet, à un niveau supérieur, aux nouveaux ingénieurs, de bénéficier de formations de haut niveau, en même temps théoriques et pratiques, assurant une parfaite intégration dans l'entreprise.

L'apprentissage correspond aux souhaits de certains étudiants (il ne s'agit pas de concurrencer l'École polytechnique ou centrale) qu'une formation par trop théorique ou conceptuelle pourrait rebuter et placer en situation d'échec.

Cette expérience montre que la formation par alternance, trop souvent dévalorisée, ne concerne pas que les CAP, BEP ou bac pro, mais qu'elle est une *voie d'entrée dans l'enseignement supérieur* et un débouché pour des emplois de haut niveau.

D'autres formations par alternance ont été développées en Vendée, comme par exemple les BTS dans les Maisons familiales rurales. Aujourd'hui, nous sommes en train de prolonger cette expérience en développant une *école supérieure de management* en alternance qui vient d'ouvrir ses portes à Montaigu. Ce que nous avons réussi avec l'école d'ingénieurs, nous souhaitons le réussir dans le domaine du management et du commerce.

Les principes qui nous ont guidés pour l'école d'ingénieurs seront les mêmes pour l'école supérieure de management.

Troisième volet de cette politique de formation en Vendée, après la liberté de choix et l'apprentissage, c'est l'émergence de formations supérieures au cœur des bassins d'emplois.

La Vendée bénéficie d'un aménagement harmonieux du territoire puisque notre activité économique est répartie sur l'ensemble du territoire vendéen.

Pour assurer la vie de toutes les régions vendéennes et ne pas concentrer nos formations, notamment supérieures, le choix a été fait de les développer non seulement au chef-lieu, mais également dans chacun des bassins d'emplois. Nous l'avons souhaité tout particulièrement pour certaines formations supérieures. Alors que la mode est à la *concentration dans de vastes campus* souvent impersonnels, c'est le principe inverse que nous avons mis en œuvre en Vendée.

Je me souviens d'une conversation avec Olivier Guichard, dans son bureau de président du conseil régional des Pays de la Loire :

– Je veux créer des instituts universitaires dans des communes de deux mille habitants.

– Vous êtes sûr d'échouer, mon cher Philippe. Vous ne trouverez ni élèves ni professeurs. Croyez-moi, mon expérience d'ancien ministre de l'Éducation nationale me conduit à la juste intuition : partout dans le monde, l'université rime avec l'urbanité. La fac, c'est la ville. Imaginez-vous une bibliothèque universitaire à Pissotte ?

– Oui, avec les nouvelles technologies de l'information, j'imagine facilement qu'on puisse transporter des livres virtuels par l'image et la fibre optique.

– Et les laboratoires de recherche ? Et l'émulation des campus ?

– Monsieur le Ministre, les campus de Berkeley et de Nanterre ont conduit à Mai 68. Je veux faire l'anti-campus, l'université rurale.

Aujourd'hui l'idée des *instituts supérieurs décentralisés*, qui offrent une palette de formations, est assise sur cinq points forts :

– une implantation *au cœur des bassins d'emplois*, parfois sur des zones industrielles ;

– une formation *évolutive*, adaptée aux besoins des entreprises ; le contenu des formations est revu chaque année par les industriels et, si le besoin de formation disparaît, la formation disparaît ; si un besoin nouveau apparaît, une formation nouvelle est créée ;

– une formation *dimensionnée* en fonction des débouchés réels ; la formation peut disparaître si le débouché disparaît et inversement ;

– une large place faite au *stage* en entreprise en France et à l'étranger ;

– un corps professoral faisant appel très largement aux *professionnels*.

Les instituts décentralisés dispensent des formations de niveau licence, dans le cadre de la filière LMD, qui permet d'accéder au niveau master. Elles s'adressent aux jeunes titulaires de DEUG et de DUT confrontés à des débouchés incertains.

Nous avons cherché à les répartir harmonieusement sur le territoire du département ; il existe aujourd'hui 13 instituts décentralisés, dans 13 cantons différents, qui accueillent 500 étudiants. Ils offrent un taux de réussite exceptionnel puisque 95 % des anciens élèves diplômés trouvent un emploi à l'issue de leurs études.

On peut citer l'Institut supérieur du conditionnement alimentaire à Pouzauges, l'Institut supérieur de protection de l'environnement à Pissotte, une petite commune de mille deux cents habitants, l'Institut supérieur du tourisme à Brétignolles, l'Institut supérieur des métiers de la logistique et des transports à Montaigu, tous créés en lien étroit avec les industriels du secteur.

Il ne s'agit pas de demander aux industriels de former les jeunes, mais de définir, en lien avec eux, le contenu des formations qui seront utiles aux jeunes pour leur intégration dans l'entreprise.

L'implication, au cœur des bassins d'emplois, a enfin l'immense avantage de placer les étudiants en situation, à proximité des entreprises où ils iront ensuite travailler.

Dans la palette de nos créations d'établissements de formation inédits, deux autres formations inclassables méritent d'être citées : tout d'abord, l'École des managers repreneurs. Il s'agit d'une initiative originale, dans un département qui est le plus dynamique en termes de création d'entreprises, avec une hausse, sur la période de 2002-2004, de 26 % de créations (18 % en France), et qui se voit confronté au vieillissement de ses chefs d'entreprise.

Pour assurer la transition des entreprises, en lien avec la chambre de commerce et d'industrie, nous avons mis en place cette École des managers repreneurs qui propose à des salariés confirmés en entreprise, candidats à la reprise d'une entreprise, une formation destinée à les y préparer de façon très concrète.

L'objectif de cette formation continue est de former les dirigeants de demain et de leur permettre d'acquérir des connaissances approfondies en stratégie, management et gestion, puis de les accompagner dans un diagnostic complet de l'entreprise qu'ils souhaitent reprendre, et enfin d'élaborer un plan d'action. Ce qui a pour effet d'apporter la sécurité de la phase de prise en main des entreprises et donc la pérennité de l'opération de transmission.

C'est ainsi que la première promotion 2004-2005 a permis de former utilement 6 repreneurs à la reprise de 6 entreprises assurant le maintien de 239 emplois salariés.

Là encore, les formations ont un lien extrêmement étroit avec le monde de l'entreprise et la formation dispensée contribue directement à la sauvegarde et à la création d'emplois. C'est un outil précieux pour faire face au vieillissement des chefs d'entreprise.

Enfin, au-delà des formations à diplômes scolaires et universitaires, j'ai créé, pour éveiller les jeunes Vendéens à leur patrimoine, l'École départementale du patrimoine historique et naturel.

Cette école, qui s'adresse, dans un cadre périscolaire, aux jeunes Vendéens, reçoit, chaque année, quarante mille jeunes à qui on apprend à connaître et à aimer le patrimoine naturel et historique de la Vendée.

C'est ainsi que, sur la réserve naturelle de Nalliers-Mouzeuil ou à la Cité des oiseaux aux Landes-Genusson, une place toute particulière est faite à la connaissance de nos paysages et de nos fragilités.

L'École départementale du patrimoine est, pour nous, une façon d'éduquer, de faire connaître et de faire aimer la Vendée aux jeunes Vendéens. Il serait facile de la dupliquer dans toutes les régions de France.

Pour être de son temps, il faut être de quelque part. On ne peut trouver sa place dans la société que si l'on connaît et apprécie le lieu où l'on vit. Cette école est une réponse au déracinement dont souffrent certains jeunes.

La démarche que nous avons menée pour développer les formations en Vendée a donc été empreinte de pragmatisme.

D'abord l'enseignement public et l'enseignement privé ont su développer des formations supérieures.

Ensuite, tous les types de formations ont été mis en œuvre : des formations de type universitaire à l'ICES, des formations de type professionnel technologique à l'École d'ingénieurs. Nous avons veillé à ce qu'il existe une parfaite complémentarité entre les différents types de formations permettant d'offrir une palette complète aux étudiants vendéens, sans a priori idéologique.

Enfin, les formations qui ont été développées ont toujours tenu compte d'un principe d'équilibre du territoire, à proximité des entreprises et solidement établi sur les spécificités vendéennes. Toutes nos régions vendéennes ont su se doter de formations supérieures.

Contrairement à la logique de l'Éducation nationale, nous avons refusé le modèle unique. Nous avons cherché à assurer la *liberté*, à développer l'*apprentissage*, à mettre au cœur de la formation, l'*élève* ou l'*étudiant* mais aussi à privilégier les *débouchés* attendus. Les résultats sont là – les résultats scolaires et universitaires – et, derrière ces résultats, les résultats économiques, sociaux et culturels : nous avons fixé nos élites chez nous, après leur avoir donné le goût d'apprendre et le goût d'entreprendre.

Nous avons fait tout cela, malgré ou contre la volonté centralisatrice et uniformisatrice des bureaux parisiens de l'Éducation nationale.

Au plan national, ces résultats me donnent des fourmis dans les jambes. Le chantier est immense. Il faut l'ouvrir vite et avec bon sens. Des générations entières ont été massacrées. Parce que nos pédagos ensavatés ont oublié que l'école est, par excellence, le lieu de la transmission des savoirs, des valeurs et du civisme.

Il est urgent, aujourd'hui, de rétablir l'autorité de l'École.

L'autorité des maîtres

Avec, comme première déclinaison, l'autorité des *maîtres* en cessant de les considérer comme des animateurs sociaux : c'est pourquoi je pense qu'il serait de salut public de *supprimer les IUFM* qui ôtent toute autorité aux professeurs en les transformant en « Gentils Organisateurs » et de les remplacer par des Instituts de formation d'un haut niveau d'exigence. L'autorité des maîtres, c'est l'école du mérite et de l'effort : il est urgent d'instaurer un système de notation strict, de promouvoir la sélection à l'école, fondée sur *l'émulation et la récompense.* Il faut veiller à *l'autorité des diplômes* et donc proscrire la sélection à partir du piston, les passe-droits et la discrimination positive qui n'est rien autre qu'un « piston ethnique » officialisé, légalisé. L'autorité des maîtres et des diplômes, c'est la liberté des parents au service de l'école : donc la *suppression de la carte scolaire* pour permettre aux familles de choisir l'établissement de leurs enfants. L'autorité des maîtres, ce sont les professeurs soutenus dans l'exercice de leurs fonctions, ce qui implique qu'on mette l'administration et la hiérarchie de l'Éducation nationale au service des maîtres, en exigeant d'elles un soutien sans faille aux professeurs qui sanctionnent un élève.

Mais l'autorité des maîtres et des diplômes ne va pas sans l'autorité des savoirs.

L'autorité des savoirs

L'autorité des savoirs consiste à recentrer l'école sur sa mission première qui est la transmission : il faut *supprimer le collège unique* qui est une véritable usine à fabriquer de la médiocrité, et le remplacer par *l'école du mérite* et les classes de niveau. Il faut ramener l'enseignement aux disciplines essentielles et réformer les programmes en élaguant les matières et les options superflues – il y a, aujourd'hui, trois cent cinquante matières enseignées dans le secondaire ! – qui placent toutes les disciplines sur un pied d'égalité et brouillent ainsi la mission de l'école. L'autorité des savoirs, c'est valoriser leurs applications pratiques : pourquoi ne pas illustrer le caractère concret des matières enseignées en confrontant les élèves de collège et de lycée à la réalité économique par un cours trimestriel faisant intervenir un artisan, un commerçant ou un petit entrepreneur ? L'autorité des savoirs, c'est remplacer l'objectif du « 80 % de bacheliers » par celui de « 100 % de qualifiés ». Je tire de mon expérience vendéenne une leçon simple : il faut promouvoir l'apprentissage et les filières professionnelles en les développant en fonction des besoins économiques. Aussi bien serait-il utile de réhabiliter le travail manuel par un stage obligatoire d'un mois chez un artisan ou à l'usine en classe de troisième.

L'apprentissage du savoir-vivre

L'école doit apprendre à vivre en société. Il faut établir une discipline stricte à l'école : je propose qu'on rende obligatoire le port de la blouse (dans le primaire) et de l'uniforme (dans le second degré), comme c'est le cas dans beaucoup de pays étrangers, afin d'effacer les différences sociales, de mettre fin aux excentricités vestimentaires ou communautaristes et de lutter contre le racket et les effets dévastateurs de certaines modes provocatrices.

Je propose d'interdire toutes les variétés d'enseignements multiculturels: dans les écoles de banlieues, l'enseignement intitulé «Langues et cultures d'origine», qui favorise le communautarisme et s'oppose à la francisation, doit être supprimé. Sans doute faudra-t-il aussi réformer les programmes d'instruction civique qui culpabilisent les jeunes Français et privilégient la repentance sur la grandeur de la France et la nécessaire fierté nationale.

Il faut enseigner, à l'école, l'amour de la France, qui n'est pas un droit mais un devoir: *pourquoi ne pas faire flotter, chaque matin, le drapeau tricolore dans toutes les cours de récréation?*

Oui, il faut promouvoir la culture nationale, c'est-à-dire faire la promotion des valeurs patriotiques à l'école en imposant une heure hebdomadaire d'enseignement des valeurs patriotiques (comme Tony Blair vient de le faire avec les valeurs britanniques en Grande-Bretagne) du primaire à la classe terminale, quelle que soit la filière.

Et puis, il serait si nécessaire de donner à nos enfants l'amour de l'art universel et de la culture française et européenne.

Il est urgent et vital d'introduire à l'école, à côté des disciplines de la *connaissance*, les disciplines de la *sensibilité*, loin de la chape de plomb du «culturellement correct».

Il s'agit de proposer aux enfants de France le contact irremplaçable avec les chefs-d'œuvre de l'humanité.

Voilà la nouvelle École, l'École du XXIe siècle qu'à partir de mon expérience de terrain j'appelle de mes vœux, avec le binôme gagnant «qualité – débouchés».

Chapitre 6

L'innovation sociale

L'homme pleure. Sa femme aussi. La quarantaine tous les deux. Ils m'interpellent et me supplient :

– Philippe, fais quelque chose ! Rien que dans le bourg, nous sommes trois familles avec le même problème.

Je m'arrête quelques instants. Autour de moi, c'est la liesse. Le couloir est bondé : je viens d'inaugurer une petite maison de retraite. C'est le moment de la visite des chambres témoins.

– Quel problème ? Au contraire, il n'y aura plus de liste d'attente avec cette nouvelle maison sur la commune.

– Oui, mais on ne veut pas mettre notre maman dans cette maison. Sa maladie est trop spéciale. Notre médecin dit qu'elle est inguérissable.

– Quels symptômes ?

– Elle tremble. C'est la maladie d'Alzheimer. Que faire ? Où aller ?

Je réfléchis. Mon incompétence en médecine me navre. J'interroge mon directeur de la Solidarité et de la Famille.

– Il s'agit d'une maladie nouvelle, dont le développement est lié au vieillissement. Elle touche, chez nous, 13 % des hommes et 20 % des femmes, dans la tranche d'âge de quatre-vingts ans et plus.

– Et quelle est la préconisation du ministère de la Santé ?

– Aucune. La recherche médicale n'a pas encore permis de trouver de traitements satisfaisants. La réponse est aujourd'hui sociale plutôt que médicale. À son stade le plus sévère, cette maladie terrible supposerait un accompagnement constant, avec des professionnels spécialement formés.

Je promets au couple en larmes de leur répondre dans quelques jours. Prenant conseil auprès de gérontologues de ma connaissance, je soumets la question à mon équipe: comment répondre à cette maladie d'avenir? Comment soulager le désarroi des familles? Nous sommes au printemps 2002: la décision est prise d'innover et de créer, dans tous les cantons, des *unités d'accueil spécialisées*, suffisamment proches pour que la personne frappée par cette maladie puisse conserver des liens avec les siens. 19 cantons sur 31 sont déjà équipés. L'objectif est de porter le total des places disponibles à 1 000 d'ici 2012.

Plus récemment, nous avons décidé d'aménager aussi des places d'accueil temporaire et des places d'accueil de jour, qui permettent à des familles prenant en charge leur parent à domicile de pouvoir disposer ponctuellement, pour quelques semaines ou pour un jour seulement, de l'appui d'un établissement. La création de ces places procède de l'idée que les familles doivent être aidées pour rester aidantes, que la solidarité familiale mérite d'être encouragée et soutenue lorsqu'elle s'exerce pleinement.

Il s'agit de conjuguer harmonieusement l'intervention de professionnels et la chaleur du foyer; et surtout d'ouvrir le choix des familles pour les encourager et pour les soulager.

Nous voilà au cœur de *l'innovation sociale*, qui consiste à apporter une réponse nouvelle à un problème nouveau, mais avec toujours le même fil d'Ariane: le souci de préserver le lien affectif, de répondre à la détresse par un regard ou une parole unique.

L'urgence d'une réponse humaine est d'autant plus nécessaire que le «social» est entré récemment dans un nouveau continent qui est celui du quatrième âge : comment vivre vieux et vivre heureux ? Comment échapper à l'arrachement, l'abandon, la solitude, l'absence, l'usine à retraite et le mouroir à canicule ?

Cette question grave se pose à moi tous les jours. Une rencontre récente m'a bouleversé : Raymond a 84 ans. Solange, sa femme, en a 83, mais ses rhumatismes lui causent du souci. Ils ont un fils unique de 55 ans, handicapé. Nous sommes assis à la table familiale. Raymond, effondré, m'annonce la grande déchirure :

– Nous allons quitter notre maison. Le maire vient de nous annoncer, hier, que nous étions admis à la maison de retraite, dans le bourg. Mais que va devenir notre fils ?

– Il ne peut pas vous accompagner ?

– Le maire a dit : « Ça n'est pas prévu par les textes. » On cherche un foyer spécialisé.

Je croise le regard du fils, Roger. Un regard désespéré, ivre de douleur, le doigt tendu vers sa mère. Il a toujours vécu là, entre ses deux parents qui lui ont tout donné, aide et affection. Que faire ? À Paris, on me dit : « Effectivement, cette situation n'est pas prévue par les textes : la séparation de cette famille est inévitable ; eux dans une maison de retraite et le fils dans un foyer pour handicapés vieillissants. »

Les « textes », comme on dit dans les bureaux des DDASS, recommandent ainsi de briser une famille.

Et si on changeait la donne ? Sans s'occuper des textes mais des hommes ? Il suffirait de faire sauter les frontières qui préconisent la séparation.

Nous avons alors imaginé une maison d'accueil qui pourrait prendre soin, en même temps, des parents âgés et de leur enfant handicapé vieillissant, pour ne pas dissocier la famille et garantir une prise en charge dans la durée des personnes handicapées, après la disparition des parents.

Nous avons conduit ce projet dans le scepticisme général, car c'est une première nationale. Confié à une remarquable association, Handi-Espoir, il a pourtant réussi à obtenir toutes les autorisations nécessaires et quinze familles attendent aujourd'hui, non seulement en Vendée mais dans plusieurs autres départements, de pouvoir s'installer en 2008 dans les trente appartements en construction, parents et enfants ayant chacun le leur.

Pour la première fois, nous avons réussi, avec ce projet, à *décloisonner* les catégories de bénéficiaires de l'action sociale : on ne considère plus la *personne handicapée* d'un côté et les *personnes âgées* de l'autre. On ne propose plus à chacune un établissement spécialisé, au prix d'une douloureuse séparation. C'est la famille qui est accueillie dans un même lieu où l'on peut prendre soin de manière adaptée de chacune des personnes qui la composent.

Mon expérience personnelle de ce qu'on appelle « le social » m'a peu à peu convaincu qu'on nous imposait, depuis Paris, une vision idéologique qui détruit la société : au nom du *social*, on fait bien souvent de l'*asocial*.

Il va falloir changer de politique sociale.

Depuis quarante ans, les pouvoirs publics brutalisent la société au nom du social, en suivant une ligne simple : fabriquer du *solitaire solidaire*, une espèce d'hybride sans repères ni attachements vitaux. On se détourne de l'humain, du bon sens, on fabrique des solidarités artificielles, on multiplie les prestations selon une double logique, de guichet et d'assistanat. Le résultat est consternant : une société froide, impersonnelle, où on jette à celui qui glisse au fossé, pour le faire taire, une prestation plutôt qu'un regard.

On a taylorisé le social ; en ne respectant plus ni les souhaits ni la dignité des Français qui envoient un signal de détresse.

J'ai visité, partout en France, des établissements sans vie, sans âme, sans considération pour les personnes. Des établissements pour les enfants où manquent cruellement l'affection, la chaleur du foyer et jusqu'à la simple présence humaine.

Encore récemment, il m'a été donné de pénétrer dans de vastes hospices pour personnes handicapées où, visiblement, on les a accueillies pêle-mêle, sans projet personnalisé ; sans oublier ces maisons de retraite aux allures de barres d'HLM, en périphérie des villes et des bourgs, loin de toute animation et de toute vie sociale.

La Vendée, comme les autres départements, n'a pas été épargnée par ces erreurs des Trente Glorieuses, où l'on était pressé de cacher tous les problèmes sociaux derrière des murs souvent hideux, pour laisser le champ libre à la société de consommation, où l'on a standardisé le social, en imposant à tous la même réponse clés en main, sans souci de la dignité de chacun.

Ces solutions uniformes étaient d'autant plus inacceptables que les personnes fragiles, ayant besoin d'aide, n'avaient pas le choix. Les personnes âgées, par exemple, se voyaient vite obligées de quitter leur maison sans confort, faute de solution d'aide à domicile, pour entrer dans les maisons de retraite à un âge moyen oscillant entre 70 et 75 ans, afin d'y trouver plus de sécurité et d'attention, mais au prix de la perte de leurs liens les plus chers avec leur village, d'un changement brutal de mode de vie et d'un déracinement qui les fragilisaient énormément.

Changer de politique sociale, c'est changer donc de logique. Passer d'une logique du *standard*, de la dépense aveugle, à une logique du *souci personnel* et des solidarités naturelles.

Il s'agit bien d'une inversion : aujourd'hui, l'impératif est de tout faire remonter à la puissance publique, là où le bon sens commanderait de tout faire redescendre au voisinage immédiat.

Le social, c'est la *personne* unique et non pas la *prestation* uniforme.

Il s'agit tout simplement de passer du guichet de l'échange à l'échange du regard. Dans un cas, on échange des adresses et des formulaires, dans l'autre, on échange des conseils et de l'espoir. C'est toute la différence entre le « Vous avez droit à… » et le « Peut-être pourrions-nous ensemble envisager de… »

Cette nouvelle politique sociale est d'autant plus souhaitable et même vitale que la société française se trouve face à des enjeux majeurs et inédits, comme par exemple l'émergence du quatrième âge, la déchirure du tissu familial, la surconcentration urbaine qui fabrique une société de nomades sans voisinages sédentaires.

Cette nouvelle politique, nous l'avons imaginée en Vendée. Elle s'est d'ores et déjà traduite par un paradoxe : plus il y a de bien-être, moins il y a de dépenses. Moins on dépense, plus il y a de lien social.

En 2006, le conseil général de la Vendée a consacré ainsi à l'action sociale 190 millions d'euros, ce qui représente environ 340 euros par habitant. Par comparaison, la Seine-Saint-Denis et les Hauts-de-Seine en consacrent plus de 600. Mais chez nous, les banlieues ne brûlent pas, et au palmarès des départements où l'on vit le mieux, ils pointent respectivement en 29e et 65e place, alors que la Vendée est au 1er rang du classement général pour les familles.

L'indice de satisfaction en matière sociale est calculé par l'INSEE et la nomenclature politique en fonction du niveau des budgets sociaux. En ce sens, un « département social » est un département qui consacre une part importante de son budget à la politique sociale.

« Plus vous dépensez dans le social, en quelque sorte, plus vous êtes social. »

Comme si le bien-être était indexé sur la dépense publique. C'est une conception typiquement collectiviste des rapports sociaux.

Par exemple, le paradoxe vendéen conduit à des conclusions contraires : favoriser le maintien à domicile plutôt que la construction systématique d'usines à retraite, c'est faire des économies.

La pierre de touche d'une authentique politique sociale, c'est la stabilité sociale, qui suppose la déclinaison pour l'avenir de quelques mots-clés : la famille, la propriété, le travail, le domicile, l'ancrage affectif.

Ce qui veut dire : n'avoir recours à la puissance publique qu'en ultime recours, quand tous les échelons de proximité ont été sollicités en vain. Je demande tous les jours à mes services sociaux de laisser la première place aux *solidarités naturelles, familiales, associatives ou de voisinage*, celles qui sont à l'origine des tout premiers échanges entre les hommes, bien avant le commerce, et qui les rendent pleinement responsables.

La famille, premier cercle de soutien pour tout individu, n'intéresse plus les pouvoirs publics depuis longtemps, sinon sous des formes controuvées. Une jeune femme mère-célibataire perçoit des aides publiques bien plus élevées qu'une jeune veuve. L'allocation veuvage a été récemment supprimée ; l'allocation de parent isolé est de plus en plus largement distribuée, à plus de 200 000 personnes en France. En 1945, les allocations familiales représentaient 45 % des dépenses de la Sécurité sociale. En 2005, le chiffre est tombé à 18 %. Nous défendons, en

Vendée, le modèle familial. Avec succès : la Vendée détient le record français du taux de personnes mariées, qui s'élève à 58 % contre 50 % à l'échelle nationale[1]. Le nombre de naissances a crû de 20 % en dix ans contre 4 % pour la France entière. Enfin, le nombre de bénéficiaires de l'allocation de parent isolé, qui signale les situations de solitude et de précarité rendant plus difficile l'éducation des enfants, n'est que de 985 en 2005, soit 0,17 % de la population, alors que le taux national est exactement le double.

Une des conséquences de ce soutien au modèle familial, c'est que la Vendée a, moins que d'autres, à *faire face à la dégradation du tissu social* mettant en danger les générations futures. C'est ainsi que les dépenses d'aide sociale à l'enfance ne viennent chez nous qu'au troisième rang des dépenses sociales alors qu'elles constituent le premier poste de dépenses en moyenne des cent départements français. En 2004, plus de 138 000 enfants étaient accueillis par les conseils généraux après retrait à leurs parents, soit une hausse de 2,5 % et 132 000 faisaient l'objet d'un suivi à domicile, soit une hausse de 3,5 %. Dans le même temps, le nombre d'enfants placés ou suivis en Vendée enregistrait une baisse de 2 %.

Quant aux solidarités associatives, elles se nourrissent, en Vendée, du dynamisme des initiatives bénévoles de toutes sortes. C'est ainsi que le département compte, encourage et promeut plus de 280 associations familiales, gérant des dizaines de garderies pour enfants, de centres de loisirs, de foyers de jeunes ou d'établissements pour personnes handicapées, et que nous disposons, grâce à des bénévoles, d'un réseau d'aide à domicile qui est sans doute l'un des plus denses et des plus réactifs, puisqu'il couvre chacune de nos 282 communes et peut, en quelques heures, intervenir

1. *Le Figaro Économie*, 9 octobre 2003.

chez une personne âgée, handicapée ou dans une famille, pour répondre à toute demande d'aide urgente. Ces associations sont plus proches du terrain que ne le sera jamais aucune institution et enrichissent l'action sociale d'une dimension humaine et fraternelle qu'aucun guichet ne peut avoir. C'est pourquoi le conseil général en a fait le *fer de lance* de sa politique sociale.

Notre projet social repose sur des objectifs de bon sens, qui sont à l'opposé du chemin suivi par les pouvoirs publics et recommandé par les partis établis.

Le record de France de la propriété

Le premier objectif se traduit par un pourcentage à atteindre en 2010 : *90 % des habitants propriétaires de leur logement.* Là où tout concourt à développer la précarité, il s'agit d'apporter une autre réponse que le cataplasme de la subventionnite. La vraie réponse à la *précarité,* c'est la *propriété.*

Plus largement, l'urgence est de maintenir l'équilibre démographique et la stabilité des modes de vie.

En Vendée, 52 % des habitants vivent dans une commune rurale, alors que 48 % sont établis dans des secteurs considérés comme urbains. Par comparaison, à l'échelle nationale, 75 % des Français vivent en zone urbaine. Avec un chef-lieu dont la population ne dépasse pas 50 000 habitants, comptant pour moins de 10 % de la population totale, notre département se bat, depuis des années, contre le phénomène de la surconcentration. Les quartiers d'habitat social sont peu denses et nous voulons faire en sorte que la Vendée conserve les équilibres et la stabilité qui permettent aux activités humaines de se développer dans la confiance et la sérénité.

C'est ainsi que les barres et les tours ont été bannies des projets de logement social. La taille moyenne d'une opération de logement social est d'environ 5 logements, essentiellement des logements individuels. Il s'en est créé plus de 600 en 2006.

Cependant, nous avons fait en sorte que la création de logements sociaux ne soit pas le seul objectif de notre politique du logement.

Sur les 215 000 logements du parc de résidences principales, la proportion de propriétaires occupants est de plus en plus forte.

La durée moyenne d'attente pour l'obtention d'un logement HLM n'est que de huit mois en Vendée, contre douze mois en Loire-Atlantique. De plus, 15 % de locataires quittent chaque année le parc HLM, assurant un bon taux de rotation, qui n'est que de 10 % en moyenne nationale.

La priorité donnée à l'accession à la propriété en Vendée n'a pas fragilisé la situation des plus modestes. Le logement social n'est pas, chez nous, un logement où l'on stagne sans espoir de le quitter, mais un tremplin permettant d'envisager une solution plus conforme au souhait d'accéder à la propriété unanimement partagé.

Il est de notre devoir de le rendre possible, en préservant les terrains de la spéculation, en ne laissant pas se concentrer les emplois dans les villes où le logement est plus cher, en mettant en place – nous venons de le décider – un programme d'aide à l'accession sociale à la propriété permettant aux locataires de logements HLM, et notamment de maisons, de les acquérir pour le même prix que le prix de leur loyer.

L'accès à la propriété est en effet le gage de la stabilité, de l'insertion dans la vie locale, qui permet de maintenir vivaces les solidarités de voisinage.

Il y a un lien entre l'économique et le social. Nous avons développé une société de propriétaires en même temps que s'épanouissait une économie de propriétaires.

Les Vendéens sont devenus champions de France de la propriété : *75 % sont propriétaires de leur logement*, très au-dessus de la moyenne nationale qui peine à atteindre les 50 %.

Quand on est propriétaire, l'engagement sur son lieu de vie ou de travail n'est pas le même.

Cette mentalité de propriétaire explique aussi pourquoi les salariés vendéens dépendent moins que les salariés français des décisions prises à l'extérieur de leur territoire. On l'a vu au chapitre précédent, les entrepreneurs vendéens sont leurs propres actionnaires, ils préfèrent contrôler le capital de leur entreprise pour se sentir chez eux. Et s'ils ont parfois recours à la bourse, c'est toujours pour une part minoritaire du capital.

La même mentalité explique sans aucun doute les performances de créations d'entreprise aussi bien que le nombre tout à fait exceptionnel d'entreprises artisanales. Le rêve, pour un jeune, est de s'installer, de posséder sa petite entreprise, pas seulement d'entrer dans la fonction publique comme 70 % d'entre eux sur le plan national !

Qui dit « stabilité », dit « propriété » et « proximité ». Il faut être le plus proche possible des personnes à aider.

Le principe de proximité implique tout d'abord de mettre en place les services là où vivent ceux qui en ont besoin, en privilégiant les aides à domicile. Si le bénéficiaire perd son autonomie, cela implique qu'on dispose d'un réseau d'établissements conçus comme de nouveaux domiciles, qui maillent étroitement le territoire aussi bien dans les villes que dans les bourgs et les villages ruraux. Pour que la maison de retraite soit un deuxième chez-soi, tout près de chez soi.

Cette volonté est pleinement illustrée par les actions mises en place en faveur du maintien à domicile des personnes âgées (notre deuxième objectif), qui nous permettent de leur laisser le plus longtemps possible le choix de leur mode de vie.

85 % des Vendéens âgés de 75 ans et plus vivent à leur domicile. L'âge d'entrée en établissement ne cesse de reculer. Il est aujourd'hui supérieur à 90 ans.

De ce fait, l'âge moyen des résidents dans les établissements s'élève régulièrement. Il a dépassé 87 ans, pour une moyenne nationale d'environ 83 ans. C'est un record de France précieux et qui résulte d'une politique d'envergure.

Afin de permettre aux Vendéens âgés de vivre à leur domicile dans des conditions de sécurité et de confort adaptées à leurs besoins, le conseil général a mis en place une batterie de mesures pratiques et novatrices.

Depuis 1999, cinq mille dispositifs de *télé-alarme* ont été financés au domicile des personnes âgées. Le succès va croissant.

Nous avons très tôt développé le *portage de repas*. Deux aides ont été mises en place : le financement de véhicules isothermes, ainsi que la mise à disposition gratuite de valisettes thermiques.

Cette aide permet aux associations ou aux communes qui assurent la fabrication et la distribution des repas de le faire à un coût maîtrisé.

Les personnes âgées disposant des plus faibles ressources peuvent également voir le coût des repas pris en charge, en tout ou partie, par le conseil général.

Pour *adapter le domicile* aux besoins des personnes âgées, nous avons mis en place un programme d'aide spécifique : d'une part, pour financer des travaux dans les domiciles existants – adaptation des couloirs ou des portes, ascenseur, rampes, etc. –, d'autre part, afin de construire des logements adaptés aux personnes âgées à la condition expresse qu'ils soient situés dans les centres-bourgs et que soient prévus les services à domicile dont les occupants auront besoin.

Cela permet notamment aux personnes âgées qui vivent isolées à la campagne, de se rapprocher des services et, ainsi, de se faire aider plus facilement.

Pour lutter contre l'isolement, nous avons mis en place des *chèques-taxis* permettant aux personnes âgées de se déplacer à leur convenance. Douze chèques-taxis peuvent être attribués chaque année à chaque personne âgée disposant de faibles ressources.

Nous finançons également les *minibus* accessibles aux personnes qui se déplacent difficilement. Ces véhicules sont achetés par les communes ou les associations pour assurer le transport des personnes âgées et leur permettre de participer aux animations, à la vie culturelle, à des sorties adaptées.

Nous avons aussi beaucoup développé les aides humaines à domicile, avec un personnel qualifié, qui n'est pas seulement chargé de faire le ménage mais de proposer une aide à tous les actes essentiels de l'existence.

La Vendée possède ainsi *le réseau de services d'aide à domicile le plus dense de France* : 120 associations et centres communaux d'action sociale couvrent totalement les 282 communes du département et emploient plus de 1 000 salariés, qui aident chaque semaine, parfois quotidiennement, plus de 5 000 personnes âgées.

En 2000, environ 500 000 heures de travail étaient effectuées par les associations au domicile des personnes âgées. En 2006, ce sont plus d'un million d'heures d'aide à domicile qui ont été financées par le conseil général, soit un doublement en l'espace de quelques années. C'est un record national.

Outre l'entretien du logement et la lutte contre l'isolement, ces interventions permettent d'aider les personnes âgées à faire face à toutes les contraintes de la vie quotidienne, de les accompagner dans leur démarche.

Elles maintiennent aussi une présence chaleureuse et un lien avec l'extérieur qui joue ainsi le même rôle que la solidarité familiale lorsque la famille habite loin ou a besoin d'être aidée.

C'est grâce au fait que la Vendée a, aujourd'hui, le premier réseau associatif de France pour l'aide aux personnes âgées que la *canicule de 2003 a fait beaucoup moins de victimes en Vendée qu'ailleurs*.

La volonté d'aller plus loin dans la mise en place de services de proximité nous a aussi conduits à lancer en 2005 un programme de maintien à domicile en faveur des personnes handicapées, qui nous permet de modifier leurs conditions de vie, comme nous l'avons fait pour les personnes âgées. Les chèques-taxis pour rompre l'isolement, la télé-alarme pour vivre en sécurité, le portage de repas et les aides apportées par du personnel qualifié peuvent désormais être accordées aux personnes handicapées qui le demandent. Elles disposent ainsi d'une plus grande liberté de choix, entre la vie en famille à domicile et la vie en foyer, alors que celle-ci s'imposait encore parfois, faute d'autre solution, à des personnes qui souhaitent et peuvent tout à fait vivre sereinement à leur domicile, à condition qu'elles soient aidées pour les actes essentiels de la vie.

Lorsque le maintien à domicile n'est pas souhaité ou qu'il n'est plus possible, pour des raisons matérielles, de maladie ou d'éloignement de la famille, les personnes fragiles doivent pouvoir exercer leur choix et se préparer à quitter leur foyer en toute sérénité. Cela nous a conduits à mettre en place un réseau d'*établissements de proximité*, qui permet d'éviter la disparition des repères quotidiens.

Le soutien à domicile fait ainsi reculer d'année en année l'âge d'entrée en maison de retraite.

Mais il n'aurait pas été cohérent de faire autant pour le maintien à domicile si le départ en établissement, qui parfois s'impose, était resté synonyme de déracinement. Nous avons donc décidé de privilégier toutes les solutions d'accueil qui évitent le déracinement, aussi bien pour les enfants que pour les personnes handicapées ou les personnes âgées et les familles.

C'est ainsi que les enfants pris en charge par le département, appelé à suppléer leurs parents, sont confiés à des familles d'accueil, une profession que nous avons particulièrement valorisée et encouragée.

Lorsque la vie en famille d'accueil n'est pas possible, nous avons fait en sorte que règne dans les foyers d'accueil un esprit de famille. C'est ainsi qu'il n'y a plus, en Vendée, de foyer de grande taille. Le dernier, qui comptait vingt-cinq places destinées à l'accueil d'adolescents, vient d'être divisé en trois unités réinstallées dans trois maisons situées dans des quartiers très différents de La Roche-sur-Yon; aucune de ces maisons n'accueille plus de neuf jeunes. Immédiatement, l'agressivité des jeunes a baissé et leur participation à la vie collective s'est améliorée.

Pour répondre à notre exigence du maintien de la cohésion familiale, le Foyer départemental de l'enfance propose aussi, depuis 2004, d'accueillir non seulement l'enfant qui a fait l'objet d'un placement, mais aussi toute sa famille en difficulté lorsque la situation le permet. Ce mode d'accueil familial permet de rétablir l'autorité des parents et d'effacer un passé douloureux, créant ainsi les conditions d'un retour à domicile plus rapide et plus serein.

Pour les *personnes handicapées*, la priorité a été donnée à l'ouverture d'établissements de *petite taille*, très loin de ces vieux hospices qui ont été fermés.

Notre taux d'équipement en établissements financés par le département est le double de la moyenne nationale. Nous comptons en effet, en Vendée, 3 places pour 1 000 habitants dans les maisons pour personnes handicapées, contre une moyenne nationale de 1,4. Nous sommes en tête de tous les départements comparables au nôtre pour la dépense par habitant en faveur des personnes handicapées. Nous avons plus de solutions à offrir que des départements toujours prompts à tenir des discours enflammés sur la solidarité, comme la Seine-Saint-Denis ou le Val-de-Marne, trois fois plus peuplés que la Vendée.

Nous nous sommes fixé, pour ces maisons destinées aux personnes handicapées, un double objectif dans le même souci d'appliquer le principe de proximité : d'abord celui de créer un *climat familial*, avec la chaleur d'un foyer ; c'est pourquoi plus de la moitié d'entre elles a moins de vingt places ; ensuite celui de ne pas couper les résidents de leur famille, de leurs repères, d'où une répartition sur l'ensemble du territoire, dans les villes comme dans les villages. La Vendée compte trente et un cantons mais dispose d'une centaine d'établissements ou services de proximité pour les personnes handicapées, de sorte qu'aucune d'entre elles n'est à plus de quinze kilomètres d'une solution d'accueil.

Pour les *personnes âgées*, la volonté de jouer la carte de la proximité nous a également amenés à réviser de fond en comble la politique d'accueil menée jusqu'à présent.

C'est ainsi que, pour mettre fin à l'ère du gigantisme inhumain, le département de la Vendée est le premier à avoir lancé un programme de construction de *petites maisons de retraite en milieu rural*, de 25 places au maximum, dans les communes de moins de 2000 habitants.

Ces petites maisons d'accueil font écho à l'idée que, *lorsque l'on ne vit pas chez soi, on doit pouvoir vivre comme chez soi.* Elles contribuent à la sérénité des personnes accueillies et à la tranquillité des familles, puisqu'elles permettent que l'accueil ne soit pas une rupture mais seulement un moyen de vivre plus en sécurité et moins seul. La manière dont ces maisons sont médicalisées, grâce aux interventions des professionnels de santé libéraux du secteur qui restent auprès de leurs anciens patients, est aussi un facteur de qualité de vie, puisque les relations existant de longue date peuvent ainsi être maintenues, alors que les maisons de retraite traditionnelles imposent le recours à leur propre personnel, c'est-à-dire une nouvelle rupture.

Ces *maisons d'accueil rurales* constituent la voie d'avenir que nous avons choisie pour répondre aux besoins croissants des personnes âgées. Elles viennent compléter le maillage déjà très serré des établissements ouverts en Vendée, qui dispose ainsi de cent cinquante maisons de retraite pouvant donc offrir un accueil de proximité.

La conciliation de la vie familiale et de la vie professionnelle

Le troisième objectif concerne l'accueil de l'enfant à partir d'un souhait exprimé de plus en plus souvent : la nécessaire conciliation de la vie professionnelle et de la vie familiale, pour que 100 % des enfants puissent trouver un accueil pendant que leurs parents travaillent. C'est une vision moderne de la famille.

La volonté de répondre au plus près des besoins a donc guidé notre politique d'équipements pour la petite enfance. Nous agissons pour tisser un réseau de services aux familles aussi proche du terrain que possible, qui permet à la Vendée d'afficher un taux d'activité féminine particulièrement élevé, signe que la conciliation entre vie familiale et vie professionnelle est chez nous une réalité, alors qu'on pourrait croire à tort qu'elle est l'apanage des grandes villes.

La première action consiste à développer les services *périscolaires*, c'est-à-dire les services qui permettent d'accueillir les enfants avant et après l'école, dans toutes les communes de moins de trois mille cinq cents habitants. Ces équipements sont en effet les indispensables compléments des classes, au maintien desquelles ils contribuent dans les zones rurales, car les familles attendent légitimement les mêmes services qu'en ville pour y inscrire leurs enfants.

La deuxième action consiste à développer le réseau des *assistantes maternelles*, pour que chaque enfant puisse être gardé près de son domicile par une professionnelle qualifiée, dans des conditions qui garantissent la tranquillité des parents.

En 1988, la Vendée comptait 2 400 assistantes maternelles. Elles sont à ce jour plus de 6 500 en activité, présentes dans toutes les communes, offrant une capacité d'accueil totale de plus de 15 000 places.

En région parisienne, il y a 5 places chez les assistantes maternelles, pour 100 enfants de 0 à 6 ans. En Vendée, le taux est de 35 pour 100 et les familles ont la garantie de ne jamais rester sans solution.

C'est notamment grâce à cette efficacité des services aux familles que la Vendée est un département qui attire.

La démographie vendéenne est la plus dynamique de la région des Pays de la Loire. De 1999 à 2004, notre population a augmenté de 3,40 % contre 1,40 % pour la France entière.

La Vendée gagne environ dix mille habitants par an, d'une part grâce à son dynamisme démographique propre, d'autre part grâce à l'installation de nombreux arrivants d'autres départements, attirés par la qualité de la vie locale. Les jeunes actifs sont, parmi ces nouveaux arrivants, aussi nombreux que les retraités.

Ces nombreuses offres d'accueil de qualité pour les jeunes enfants, favorisant la conciliation de la vie de famille et de l'engagement professionnel des parents, créent ainsi en Vendée les conditions pour que chacun puisse participer à l'essor économique.

Au-delà de la proximité familiale, elles permettent aussi que chaque enfant soit accueilli de manière personnalisée, dans le respect de ce que leurs parents souhaitent pour eux.

L'insertion par le travail

Le quatrième objectif consiste à substituer au revenu minimum d'*insertion*, qui est trop souvent une voie sans issue, un revenu minimum de *travail*, qui est une voie de retour à la vie active.

Chaque personne qui a besoin d'aide doit se voir proposer non pas une réponse standard, mais une solution exactement adaptée à ses besoins, et donc personnalisée.

L'action sociale a trop tendance à s'enliser dans la bureaucratie ; elle devient source de dépense et non de soulagement. Au niveau national, la quasi-totalité des prestations sociales est versée sur dossier, que le demandeur remplit d'informations déclaratives qui ne sont pratiquement pas vérifiées. Les exemples abondent. C'est ainsi que l'Inspection générale des affaires sociales a pointé, dans un rapport de 2003 qui n'a jamais été publié, que le taux de fraude pour l'obtention de l'aide médicale de l'État était considérable. À l'échelle de la région des Pays de la Loire, seules 2,2 % des demandes de prestations servies par les caisses d'allocations familiales, qui distribuent, outre les allocations familiales, de nombreuses prestations attribuées théoriquement sous condition de ressources, font l'objet d'un contrôle.

Ce n'est pas le cas en Vendée, où *chaque* demande d'aide fait l'objet d'une étude *personnalisée* au cas par cas, par les agents de terrain, qui privilégient le contact direct, le plus souvent à domicile. Les assistants sociaux, les puéricultrices et les personnes en charge des personnes âgées du conseil général ont réalisé en 2006 plus de cinquante mille visites à domicile. Pas un centime d'argent du département n'est versé sans que la situation du demandeur n'ait fait l'objet d'un examen individualisé, qui est aussi l'occasion de nouer le contact et de donner des conseils, c'est-à-dire de créer une véritable relation d'aide.

Ce principe de personnalisation est notamment illustré par la gestion que nous avons faite du revenu minimum d'insertion.

Chacun des Rmistes bénéficie d'un regard personnalisé, avec un impératif: qu'il remette le pied à l'étrier. De ce fait, il y a, en Vendée, *deux fois moins de Rmistes* qu'en moyenne nationale, et *deux fois plus de Rmistes réinsérés* qu'en moyenne nationale.

La personnalisation est la clé du succès de l'insertion: en Vendée, chacun des bénéficiaires du RMI est suivi scrupuleusement par un assistant social et signe avec le département un contrat d'insertion, qui est revu tous les trois ou six mois. Ce suivi personnalisé, qui prend la forme d'un entretien en tête à tête, permet de faire en sorte que le RMI ne soit pas seulement un revenu de subsistance, mais l'occasion d'entreprendre une *démarche ascendante vers l'emploi*, chaque contrat constituant une étape supplémentaire par rapport au précédent, jusqu'à la complète autonomie.

Le résultat est d'abord quantitatif : le taux de bénéficiaires du RMI par rapport à la population est très faible. Nous avons aujourd'hui 800 bénéficiaires du RMI pour 100 000 habitants alors que, par exemple, le département du Rhône en compte plus de 2 000 et que des départements qui se veulent à la pointe du social, comme la Seine-Saint-Denis ou les Pyrénées-Orientales, en comptent 3 500.

Le résultat est aussi qualitatif : les bénéficiaires du RMI, en Vendée, retrouvent un emploi.

Enfin, cette gestion individualisée permet de garantir que chacun ne reçoit, avec justice, que ce qui lui est dû. Au cours des dernières années, le département de la Vendée n'a enregistré que seize cas de fraude au RMI, alors que des départements comme la Dordogne en annoncent des centaines.

Il n'existe pas, chez nous, de bénéficiaires qui trichent ; s'ils s'y aventurent, ils sont rapidement détectés lors du renouvellement de leur contrat d'insertion, leurs droits étant automatiquement suspendus en cas d'absence de garantie. Nul besoin alors de déclencher des opérations de chasse aux faux bénéficiaires, comme l'a fait le département du Rhône en 2005. Étant correctement suivis, ils ont tous l'obligation de conclure un contrat d'insertion et d'accepter un suivi ; ils ne peuvent donc tricher sans être immédiatement repérés.

Cet accompagnement personnalisé des bénéficiaires du RMI contredit la manière dont l'État, aujourd'hui, contrôle les bénéficiaires de ses propres allocations, comme, par exemple, l'allocation de solidarité pour les chômeurs en fin de droit ou l'allocation aux adultes handicapés sans ressources. Ces allocataires ne sont qu'un numéro dans un fichier et ne voient jamais un professionnel du social qui s'intéresse à eux. Ils sont en conséquence très peu nombreux à retrouver du travail alors que nous obtenons, pour les bénéficiaires du RMI, des résultats qui permettent à tous de garder l'espoir.

En témoigne, par exemple, le cas d'Auguste, cet homme de cinquante ans, habitant Montaigu, au chômage depuis douze ans, expulsé de plusieurs logements, sans attache familiale, sans véhicule. Après toutes ces années de malheur, le RMI est son seul espoir. Pris en charge par l'assistante sociale de son secteur, qui lui a fait signer son premier contrat d'insertion, il s'est senti rassuré sur ses capacités. Cela a pris plusieurs mois. Accompagné vers l'ANPE, il se voit proposer un emploi dans l'agroalimentaire mais le patron hésite, craignant qu'il ne tienne pas le coup. Connaissant Auguste, j'interviens en proposant de financer un premier contrat de six mois au titre du revenu minimum d'activité. Auguste s'accroche. Il est bien suivi. Il faut, certains matins, qu'un voisin aille le sortir du lit pour l'accompagner au travail et le persuader qu'il y arrivera. Sentant un petit déclic, le chef d'entreprise accepte de prolonger le contrat de six mois, parce qu'il sait qu'Auguste n'est pas seul mais accompagné pour s'en sortir, et que le conseil général maintient par ailleurs son aide financière. Au bout d'un an, Auguste a pris ses marques, il est un salarié reconnu comme compétent et apprécié. Son patron lui a proposé un CDI. Il n'a plus besoin d'aide car il a retrouvé confiance. Auguste se rend au travail tous les matins à vélomoteur, il va s'acheter une voiture dans quelques semaines. Il m'a montré fièrement le mois dernier, à Montaigu, le bail de location de son nouvel appartement. Il n'avait pas de vrai logement depuis douze ans.

On pourrait aussi raconter le parcours de Jérémie, sans domicile fixe, habitant en Loire-Atlantique, venu en Vendée où, pour la première fois, il a signé un contrat d'insertion alors qu'il touchait le RMI depuis cinq ans. Jérémie est aujourd'hui peintre en bâtiment. Autre cas récent, celui de Solange, âgée de quarante-quatre ans, mère de deux enfants, hébergée avec eux chez une amie, faute d'argent. Prise en charge après la signature de son contrat d'insertion, cette maman a aujourd'hui un CDI et son propre logement.

Toutes ces réalisations et tous ces projets sont le fruit de la conviction profonde qu'« aider, c'est agir ». Agir et innover pour préserver ce qui donne à notre société sa cohésion et sa stabilité : la famille, la propriété, le domicile, les racines. Agir pour que soit toujours préservée la dignité humaine, malgré la souffrance, le handicap, la vieillesse.

Si la Vendée est aujourd'hui une terre où il fait bon vivre, c'est parce que la politique sociale que nous y conduisons n'est pas fondée sur l'idéologie, qui est par nature aveuglante puisqu'elle ignore les faits au profit des théories, mais sur le simple devoir d'humanité, qui s'impose aux hommes chargés de responsabilités plus encore qu'à tous les autres.

Toutes les réalisations vendéennes sont transposables, du moins dans leur esprit, dans toutes les directions qui orientent nos priorités départementales. Ce qui marche en Vendée peut parfaitement marcher ailleurs.

Naturellement, il y a beaucoup d'autres sujets de préoccupation dont la clé dépend de la politique et de la loi nationales : l'harmonisation indispensable des régimes de retraite public-privé, l'abolition nécessaire des régimes spéciaux, la suppression du monopole de l'ANPE ou encore la priorité citoyenne à l'embauche et au logement, etc.

Sans oublier la nécessité de concevoir une grande politique familiale qui manque cruellement à notre pays.

Il faut que l'État reconnaisse la mission sociale des familles, avec une priorité accordée aux *familles françaises* : il faut attribuer les allocations familiales aux familles de nationalité française, au service d'une grande politique démographique nationale. La reconnaissance de leur mission, c'est aussi la défense du *statut du mariage* : je propose d'inscrire le mariage dans la Constitution comme étant « l'alliance d'un homme et d'une femme dans le but de former une famille » et d'interdire le mariage homosexuel et l'adoption des enfants par des couples du même sexe. Je fais partie des Français de bon sens qui croient que, pour l'enfant, un papa et une maman, c'est mieux que deux mamans ou deux papas. Le mariage a été inventé pour protéger les enfants.

Et puis, il faut que l'État valorise cette mission irremplaçable des familles. Il est donc vital de soutenir l'institution du mariage par une politique d'incitation fiscale et de remettre en cause l'alignement (concédé aux lobbies homosexuels par le ministre des Finances, Nicolas Sarkozy, en 2004) du régime fiscal des pacsés sur les couples mariés. La proposition de l'UMP d'un contrat d'union civile homosexuelle, avec cérémonie en mairie et des avantages équivalents avec le mariage hétérosexuel, me paraît irrecevable.

La valorisation de leur mission, c'est aussi une juste reconnaissance financière : je propose d'instaurer un *revenu parental d'éducation* de 1 000 euros nets mensuels, ouvrant droit à la retraite et qui permettra aux familles d'avoir un troisième enfant. La valorisation de leur mission, ce sont les familles *propriétaires* de leur logement, gage d'une évidente stabilité utile à la société : je propose de créer un prêt familial à taux zéro pour l'accession à la propriété d'un logement social. Naturellement, celui qui travaille doit pouvoir transmettre ; il faut donc purement et simplement supprimer les droits de succession.

La valorisation de leur mission, c'est enfin une politique familiale à part entière : il faut afficher la couleur en créant un *ministère des Familles* afin que la politique familiale ne soit plus perçue comme un simple secteur de la politique sociale.

Car la politique nationale n'est pas qu'une affaire de technique budgétaire ou législative protectrice. Elle est aussi une affaire de symbole : la France gagnerait à dire clairement que la cellule de base de la société, celle qui assure ses équilibres et établit la protection des plus faibles, c'est la cellule familiale.

Chapitre 7

Le combat pour la santé publique et l'environnement

Il faut sauver l'environnement des hommes. Sauver la flore, sauver la faune et finalement sauver l'homme, avant qu'il ne meure empoisonné de sa propre main.

Le sauvetage suppose deux actions simultanées.

La première ne peut intervenir que *par le haut*, à partir de mesures draconiennes et de protocoles planétaires, appliqués et garantis par les continents et les États.

La seconde ne peut intervenir que *par le bas*, à partir d'une mobilisation quotidienne des volontés locales. Ne pouvant rien quant à la première intervention, j'ai concentré mon énergie sur la seconde, en lançant une politique exigeante de l'environnement, à partir du concept de *civisme écologique*. Pour que l'effort de chaque citoyen rejoigne l'effort de la collectivité. Pour que le souci de la protection de nos équilibres écologiques relève moins de la contrainte extérieure que de la participation personnelle.

Parfois, il faut se battre contre la négligence, l'indifférence, l'habitude, l'insouciance, le manque de civisme précisément. Parfois, il faut batailler à un autre niveau, contre les empoisonneurs publics, ces mastodontes peu scrupuleux qui polluent sciemment, impunément, sans jamais laisser, dans le sillage de leur forfait, aucune adresse où leur envoyer la facture, l'addition et la sanction.

Alors, comment demander, dans ces conditions, à chaque foyer d'un département, de pratiquer le *civisme écologique* à sa porte, quand chacun a, sous les yeux, ce terrible exemple de l'incivisme criminel donné par les puissants du jour ?

Quand on a vu pleurer de douleur et de colère sur les plages goudronnées, les ramasseurs de fioul bénévoles, un oiseau mort dans la main gauche et une pelle dans la main droite, quand on a soi-même fait l'expérience du tapis d'abeilles mortes qui crisse sous les pas, en lisière d'un champ de tournesol, on ne peut pas se contenter de trouver les mots justes pour réconforter les victimes et réunir les crédits nécessaires pour réparer les fautes et les dégâts. Il faut se lever, montrer du doigt, répondre à l'intimidation par l'accusation publique, faire triompher le droit des humbles et la sauvegarde de la nature blessée et des paysages balafrés. J'ai vécu cette expérience de l'homme bien seul, dressé face aux puissants, entourés de respectabilité et de mille connivences, sinon sûrs de leur droit, du moins sûrs de leur invulnérabilité, se sachant protégés, craints, se sentant assez forts pour obtenir de n'importe quel imprécateur, en un malicieux clin d'œil de rappel à l'ordre ou de chantage à partir de bienfaits anciens ou récents, un retour au silence de plomb. En France, on ne s'attaque pas à des gros. Sauf à encourir la foudre ou à finir aplati sous un talon de basse besogne.

C'est pourtant ce que j'ai fait, seul, récemment, à deux reprises.

Contre les multinationales de l'agrochimie

J'ai été amené, en quelques années, sous le regard de nos concitoyens, à livrer deux combats sans merci contre les grandes multinationales de l'agrochimie, pour les équilibres écologiques et la santé publique.

Le premier combat a commencé en décembre 1999, à la suite du naufrage de l'*Erika*, et s'est poursuivi à la suite du naufrage du *Prestige*. Les événements m'ont porté à l'avant, sur les plages maculées du grand Ouest. On m'appelait de partout face à l'inertie des pouvoirs publics. J'invitai tous les maires à procéder à des constats d'huissier, en me souvenant de ce qui s'était passé en Bretagne avec l'affaire de l'*Amoco Cadiz*. Très vite, j'ai été placé par les circonstances en situation de fer de lance d'une lutte sans merci pour que les mesures soient enfin prises et qu'on interdise la circulation des navires-poubelles et des pavillons de complaisance.

Je me rappelle de mon dialogue, entre deux dunes, avec la ministre de l'Environnement, Dominique Voynet, devant un parterre désolant d'oiseaux goudronnés :

– Comment avez-vous pu dire que l'*Erika* n'était pas une catastrophe écologique ?

– Parce que c'est une pollution ponctuelle, temporaire…

– Est-ce que vous avez pensé à ces milliers de bénévoles qui, de façon ponctuelle et temporaire, comme vous dites, vont passer Noël sur les plages, un seau à la main, pour gratter les rochers à la brosse à dents ?

La ministre souriait. Elle était bronzée. Elle arrivait de l'île Maurice. Elle était déjà ailleurs. Le pouvoir éloigne. Quelques jours après, ce fut au tour de Lionel Jospin de venir nous rendre visite. L'hélicoptère se posa à Noirmoutier. Il fallut le porter au-dessus des flaques pour ne pas souiller ses mocassins. Il tenait ses lunettes dans le grand vent qui battait la jetée. Une seule question lui fut adressée :

– Qui va réparer ?

La réponse fut évasive :

– On va voir…

On va voir quoi ? quand ? qui ? On va voir les commissaires de Bruxelles ? On va voir le Fipol, ce fonds d'indemnisation qui fonctionne comme un acompte sur méfaits à venir ? Et si on allait voir les juges ? C'est alors que j'ai décidé de me porter partie civile, au nom de toutes les victimes. Car très vite, on m'expliqua que le propriétaire du bateau était maltais ou chypriote et que l'équipage était indien. Nous naviguions dans un nouveau monde de l'absurde et de l'irresponsabilité : c'était Kafka qui s'en remettait au capitaine Ubu.

Nous étions désemparés, dominés par le sentiment d'avoir été abandonnés.

Voici qu'on nous appliquait un nouveau principe : *pollué-payeur*. Celui qui paye pour réparer n'est pas le pollueur, mais le pollué. Le pollueur, lui, est aux abonnés absents. Injoignable !

Mon face à face avec la société Total, qui aura duré sept ans, fut un formidable bras de fer. Il aura été déterminant pour soutenir les efforts de la justice jusqu'au procès de 2007. Toute la côte atlantique m'a désigné comme le combattant de la propreté des mers. J'ai appelé au téléphone dix fois, vingt fois, Monsieur Desmarets, le patron de Total, pour l'inviter à descendre sur nos plages et constater les dégâts. Il n'a jamais voulu me parler directement. Sans doute considérait-il que sa responsabilité n'était pas engagée. Il aurait pu nous payer quelques pelles ou quelques cribleuses. Rien. Pas un geste, pas un mot.

Aujourd'hui encore, les propriétaires des cargaisons flottantes qui touchent nos côtes, à raison d'un géant des mers par quart d'heure, ont su protéger leur irresponsabilité. La Commission de Bruxelles s'est alliée avec les courtiers de Londres, les grands armateurs d'Amsterdam et les lobbies grecs et maltais pour repousser ma proposition d'instaurer la co-responsabilité armateur-propriétaire ; ce qui signifierait qu'en cas de sinistre, le propriétaire serait tenu pour *responsable* des dégâts au même titre que le transporteur lui-même. Peut-être, alors, que les grands pétroliers prendraient leurs précautions et leurs renseignements avant d'affréter des bateaux pourris. Les seuls artisans de la mer qui s'en tirent sont ceux qui se sont reconvertis. Ils ont adapté leurs filets et leurs bateaux pour ramasser le fioul en mer. Les pouvoirs publics achètent leurs prestations ainsi brevetées. Quand ils sortent du port et qu'ils quittent leur famille, ce n'est plus pour le poisson qu'ils prennent la mer, c'est pour le pétrole. Hier, *pêcheurs de poisson,* les voilà *pêcheurs de fioul.* Et ce sont les Asiatiques qui pêchent à leur place le cabillaud et le thon rouge.

La bataille de la mer, de la *mer propre*, continue.

Mon deuxième combat pour l'environnement a commencé à la suite des drames vécus par la filière apicole française. Dès 1997, j'ai été amené à constater dans mon département que l'usage intensif d'insecticides neurotoxiques tels que le Gaucho et le Régent sur les semences de maïs ou de tournesol provoquait l'intoxication massive de colonies d'abeilles, entraînant des pertes de récolte jusqu'à 60 %.

Conscient du drame qui se jouait tant pour l'environnement que pour la filière apicole, le conseil général de la Vendée décida d'apporter, dès décembre 2001, son soutien aux apiculteurs. Et c'est en vertu de cette implication très directe qu'après avoir organisé les Assises nationales de l'apiculture à La Roche-sur-Yon, je résolus de me porter partie civile dans les affaires pénales mettant en cause Bayer et BASF.

À partir de là, je vais aller de découverte en découverte. On voudra me faire taire. Ma riposte sera un livre qui pose une question simple : « Si l'abeille venait à disparaître, l'homme n'aurait plus que quelques années à vivre », comme le prédisait Albert Einstein pour qui les abeilles étaient « les sentinelles du monde ». N'en sommes-nous pas déjà là ?

Après avoir eu accès au dossier explosif du Gaucho et du Régent, ces deux insecticides ultrapuissants qui continuent leurs ravages dans nos campagnes, j'ai sonné l'alerte...

J'en suis venu à mettre en cause non seulement un certain productivisme irresponsable, manipulé par des industriels, mais aussi la passivité complice de l'administration. Je me suis appuyé sur des expériences scientifiques accablantes qui montrent les risques de ces neurotoxiques pour la flore et la faune mais, au-delà, pour l'homme lui-même.

Ce combat ne sera pas inutile. Les premières victoires viendront vite : quelques jours à peine après la publication de mon livre, *Quand les abeilles meurent, les jours de l'homme sont comptés*, l'usage du Gaucho est suspendu pour le traitement des semences de maïs, à partir du 25 mai 2004, et l'usage du Régent également. Le ministre de l'Agriculture et de la Pêche, Dominique Bussereau, avec courage, confirmera toutes ces interdictions arrachées de haute lutte par trois arrêtés successifs des 6, 15 et 19 avril 2005, comme je lui avais demandé en tête à tête. Les victoires à venir seront judiciaires. Elles permettront de mieux protéger nos apiculteurs et nos agriculteurs. Il y va de la pollinisation de nos plantes et, donc, de la survie des essences et des espèces sans lesquelles l'homme mourra sur une terre pelée ou un désert de sable.

L'environnement est aussi, à côté des nécessaires coups d'éclat, une addition patiente de gestes quotidiens. C'est ainsi que j'ai mené, au niveau de mon département, avec la coopération des élus et des Vendéens, plusieurs actions novatrices relevant du *civisme écologique*.

Le sauvetage de tous les espaces naturels fragiles

Je me souviens de ce dialogue saisissant avec deux maires de la côte vendéenne qui me racontaient comment s'y prenait le promoteur Merlin dans les années soixante :

– Il arrivait avec une mallette pleine. Il repartait avec les dunes et il laissait les billets dans la lessiveuse.

– Et personne ne résistait ?

– Non, parce qu'à l'époque, une dune, c'était considéré comme un banc de sable où rien ne pousse. Merlin était un homme sympathique, honnête et généreux : et quand il arrivait dans la ferme avec sa baguette magique, il disait à la grand-mère : « Je vais transformer ton sable en or et ta ferme en véranda ouvrant sur la mer. »

Il a fallu changer les mentalités, inventer les instruments juridiques pour préserver nos côtes du mitage et des cages à bronzage.

Nous avons sauvé toutes nos dunes, toutes nos berges, en les protégeant, en les sanctuarisant. Les beaux jours de Merlin sont finis. La côte vendéenne a été arrachée à la promotion gloutonne.

Le département a acquis des espaces préservés pour les rendre inaliénables, pour les protéger et pour les ouvrir gratuitement au public.

Désormais, plus de 100 sites disséminés dans tout le département sont acquis et sous haute protection. Cela représente plus de 2 100 hectares définitivement soustraits à toute détérioration et le département est parmi les dix premiers départements français en superficie pour les espaces naturels sensibles protégés. Aujourd'hui, la côte vendéenne est parmi celles qui sont le moins construites en France. Sur 250 kilomètres de côtes, une bande de 30 kilomètres seulement est urbanisée.

Les territoires protégés par le conseil général sont des espaces fragiles et parfois uniques. Ils concernent tout à la fois des zones de marais comme l'île Charouin à Vix, des zones humides comme l'étang des Boucheries aux Landes-Genusson – un site de transit des oiseaux migrateurs –, des espaces littoraux avec une protection de la côte sauvage de l'île d'Yeu ou encore les forêts de Talmont, des espaces forestiers en danger comme la forêt d'Aizenay ou le mont des Alouettes, sans oublier les vallées de rivières ou les rives de lacs.

Et puis, nous avons mené des actions novatrices dans le domaine de la protection des arbres et des paysages.

Quand je suis arrivé à la tête du département, j'ai fait une découverte incroyable : le conseil général subventionnait l'arrachage des haies. On m'expliqua les bienfaits de cette table rase :

– Il est urgent de faire disparaître tout ce qui est nuisible à la productivité. Il faut s'adapter au plan Mansholt.

– Et quand les haies auront disparu, que les chênes séculaires auront été abattus, il y aura un nouveau phénomène auquel personne n'a pensé : la latérisation des sols, et donc leur appauvrissement.

Je suspendis immédiatement le programme des subventions pour l'arrachage des haies en le remplaçant par un programme inverse, d'aide à la plantation de haies.

La tendance s'est inversée, depuis 1990, et ce sont près de 3 000 kilomètres de haies et 460 hectares de bosquets qui ont été replantés en Vendée. Je me suis largement appuyé sur les chasseurs et les agriculteurs. C'est ensemble que nous avons planté la première haie. On oublie trop souvent, dans notre pays, que les chasseurs sont les premiers écologistes de France et qu'ils sont les défenseurs précieux d'une *nature vivante*. On oublie aussi que, lorsque les paysans partiront, ce ne sont pas les écolos qui viendront les remplacer mais les friches.

Outre l'aspect esthétique, les haies ont une utilité écologique majeure. Elles évitent l'érosion des terres, elles favorisent la biodiversité et permettent à de multiples espèces animales de s'y réfugier et de s'y reproduire.

Autre initiative originale, la *Semaine de l'arbre.*

Chaque année, à la Sainte-Catherine, les enfants, dans les établissements scolaires, et les adultes, dans leurs communes, sont invités à planter autant d'arbres qu'il y a d'habitants en Vendée. 5,5 millions d'arbres ont ainsi été plantés en dix ans.

Cette Semaine de l'arbre est devenue une tradition qui, au-delà de l'acte de plantation, a retourné les mentalités. Tant il est vrai qu'un enfant qui plante un arbre, change son regard sur la nature qui l'entoure. Il le voit grandir ou dépérir, il le sait fragile et il en tire la conclusion intuitive que la nature est un bien précieux.

Enfin, dans le cadre des remembrements parfois nécessaires, comme, par exemple, lors de la construction des routes, nous avons mis en œuvre une action protectrice de l'environnement : en créant – c'est une grande première en France – une Banque départementale des arbres, qui, avant tout remembrement, évalue, par-delà la valeur foncière des parcelles du périmètre à aménager, la valeur marchande des arbres. En conséquence, le propriétaire de la parcelle concernée n'a plus aucun intérêt à couper les arbres avant remembrement. Au contraire, il est financièrement incité à les préserver.

Dans toutes ces actions, la profession agricole m'a apporté un soutien précieux. Tous ensemble, nous pensons aujourd'hui qu'il faut faire de la France *le premier pays producteur mondial de « pétrole vert »*.

C'est pourquoi sur chaque projet départemental, nous greffons désormais une préoccupation énergétique.

Par exemple, lorsque nous construisons un immeuble, le bâtiment est dessiné, lors de sa conception même, à partir de préoccupations environnementales.

Nous avons mis en place, pour la construction d'un collège à Aizenay ou de l'Historial aux Lucs, des systèmes de récupération d'énergie, des détecteurs de présence qui permettent le dosage de l'éclairage, des détecteurs de lumière permettant d'ajuster l'intensité lumineuse, des toitures couvertes de végétaux qui assurent une parfaite isolation phonique et thermique, une exposition qui limite les dépenses de chauffage, des systèmes de diffusion de l'eau potable qui limitent sa consommation.

La mise en œuvre de ces systèmes simples permet une économie d'énergie de l'ordre de 30 % par rapport à une construction traditionnelle.

Autre expérience novatrice, la future Agence routière départementale bénéficiera d'une chaudière au bois, alimentée par la récupération du bois coupé le long des routes, qui, jusqu'à aujourd'hui, finissait dans une décharge.

Pour nos constructions, comme par exemple le Vendespace, nous prévoyons la mise en place d'un chauffage par géothermie, et la fourniture d'électricité par le biais d'éoliennes.

Le département a pris la décision de réaliser un diagnostic environnemental sur l'ensemble des bâtiments publics appartenant au département et aux communes. Notre objectif est de réduire de 20 %, en cinq ans, nos consommations d'eau et d'énergie. C'est simple et possible, c'est juste une question de volonté. Les techniques utilisées pour ce faire peuvent nous conduire à renforcer l'isolation, à modifier les distributeurs d'eau, à mettre en place des éclairages automatiques…

Dans le domaine des *énergies douces*, le département a également mis en œuvre un programme de développement des presses à huile. Il s'agit de permettre aux agriculteurs de substituer au gasoil l'énergie végétale qui provient de l'huile de colza ou de tournesol. Ce qui assure aux agriculteurs une indépendance énergétique pour leurs propres besoins et un coût de revient de l'énergie inférieure de 30 % à celui des énergies fossiles.

La pédagogie du civisme écologique

La protection de l'environnement passe par l'éveil de la conscience civique, pour que les milliards de gestes quotidiens préservent la nature plutôt qu'ils ne la négligent et la détruisent à petit feu. Cette pédagogie du civisme écologique, nous la mettons en œuvre grâce à l'appui des élus locaux. Nous avons modifié nos relations avec les communes.

Il est de tradition que les communes raisonnent, dans leurs relations avec l'État, les régions et les départements, à partir d'une logique de guichet pour percevoir leurs subventions.

Pour mettre un terme à cette logique et pour les inciter à travailler dans le sens de la protection de l'environnement, j'ai mis en place deux types de contrats : les Contrats environnement littoraux et les Contrats environnement ruraux.

Ces contrats permettent aux communes de bénéficier de subventions importantes pour protéger leur environnement, améliorer leur cadre de vie ; en contrepartie, elles s'engagent, elles aussi, à mener des actions fortes en ce sens, comme par exemple la suppression des panneaux publicitaires, la création de lotissements paysagers, l'extension des zones de protection, la diminution de leur consommation énergétique.

S'il n'y a pas d'effort des communes, il n'y a pas de subvention. Aujourd'hui, chacun est à même de constater que ce choix porte ses fruits puisqu'on voit, petit à petit, les communes vendéennes se transformer à partir d'une dimension qui, malheureusement, leur était trop souvent étrangère. Les maires intègrent la dimension environnementale à leurs projets : les accès aux plages sont de plus en plus soignés, les transports collectifs électriques se multiplient, les villes, les centres-bourgs sont de plus en plus fleuris, les lotissements sont de mieux en mieux pensés et la folie des années soixante-dix est loin derrière nous.

L'écologie, c'est d'abord la pédagogie, donc la sensibilisation de tous. C'est ainsi que l'École départementale du patrimoine naturel apprend aux quarante mille enfants à apprécier et à protéger leur environnement.

Pour les adultes, il y a le projet des « maisons écologiques ». Il s'agit de construire un village témoin qui présente à tous ceux qui souhaitent rénover ou construire une maison l'ensemble des technologies permettant de maîtriser l'énergie et de protéger l'environnement.

Ce village, qui n'existe nulle part ailleurs, sera construit en lien étroit avec les artisans de Vendée. Il montrera aux Vendéens les avantages et les inconvénients de telle ou telle technique en fonction des constructions souhaitées.

C'est ainsi que seront représentées toutes les nouvelles technologies pour la maison. Souvent le candidat à la construction se perd dans le maquis des techniques protectrices ; nous l'aiderons à y voir clair.

Ce village deviendra une sorte de petit parc du *bien construire*.

Enfin, j'ai décidé, récemment, de faire de la Vendée un département modèle pour le traitement des déchets ménagers, en refusant la technique de l'incinération. Nous ne voulons pas d'incinérateur en Vendée.

Le plan qu'a bâti le département est un exemple dans le domaine de la protection de l'environnement. Il a fallu faire prendre conscience aux Vendéens de leur nécessaire implication. Ce plan est assis sur le civisme. Il demande aux Vendéens de faire des efforts.

Il a, comme premier pilier, une réduction à la source des déchets. C'est ainsi, par exemple, que nous avons, dans le cadre d'une convention avec la chambre des métiers, la chambre de commerce et d'industrie et avec les grandes surfaces, fait quasiment disparaître de Vendée les sacs plastique donnés aux caisses.

Par ailleurs, le département contribue à mettre en place, à la demande des habitants, des *composteurs individuels* qui permettent à ceux qui le souhaitent de fabriquer du compost à partir de leurs déchets organiques.

Nous avons également imaginé un réseau de recycleries pour donner une nouvelle vie aux objets usagers.

Bien sûr, pour *l'amélioration du tri*, le civisme des Vendéens est très sollicité. D'ores et déjà, la Vendée fait preuve d'excellents résultats dans ce domaine puisque, pour ce qui concerne par exemple le tri du verre, la Vendée est en tête des départements français.

Enfin, le département va mettre en place des systèmes de traitement exemplaires autour du *tri mécano-biologique* qui permet de séparer complètement déchets organiques et déchets inertes, ce qui limite l'enfouissement aux seuls déchets ultimes ne produisant pas de gaz à effet de serre.

La Vendée est donc aujourd'hui à la pointe dans le domaine de la protection de l'environnement, avec une vision pragmatique des dossiers.

Car il s'agit de concilier protection et dynamisme. La préservation n'est pas la vitrification, la pétrification de l'activité humaine. C'est avec les agriculteurs que nous travaillons aujourd'hui bien souvent. Notre défi commun est de conjuguer environnement et développement. Pas de pays sans paysan.

La Vendée prouvera, dans les années qui viennent, qu'on peut sortir sans dégâts de l'alternative fatale entre le « tout-pétrole » et le « tout-nucléaire ».

Chapitre 8

Une terre sans immigration

Un département, seul, n'a pas les moyens, ni juridiques ni matériels, d'endiguer la vague migratoire qui déferle sur notre pays.

Mais il peut définir et mettre en œuvre une politique originale dont les résultats sont aujourd'hui probants.

C'est cette politique que j'ai essayé de mettre en œuvre en Vendée. Oui, j'ose le dire : j'ai tout fait pour que la Vendée ne devienne pas une terre d'immigration. Parce que je pressentais que les sociétés multiculturelles perdent leur cohésion et, finalement, leur identité.

Aujourd'hui, on le constate dans le monde entier : aux Pays-Bas qui ont expérimenté le communautarisme, en Grande-Bretagne, avec le Londonistan, aux États-Unis, avec la révolte massive des Latinos, bref aux quatre coins de la planète, les sociétés multiculturelles sont rapidement devenues des sociétés multiconflictuelles, voire multiracistes.

C'est toute la définition de la nation qui est en jeu. La nation est-elle une communauté nationale d'un seul tenant, fondée sur les principes de l'unité, de l'égalité et la citoyenneté ? Ou est-elle une juxtaposition d'alvéoles ethniques, religieuses, sexuelles, une addition de mémoires particulières auxquelles on finit par accorder, pour faire baisser les tensions, des droits exorbitants ?

Le problème est donc aujourd'hui planétaire, à cause de la mondialisation sauvage qui provoque l'exode des peuples ainsi appauvris par la machine à standardiser et à abattre les protections: il est évident que si on laisse un petit paysan béninois en concurrence directe avec un latifundiaire de Nouvelle-Zélande ou d'Australie, on envoie le premier à l'abattoir. Tout est organisé aujourd'hui, hélas, pour décourager les pays africains de fixer leurs populations sur place, tout est pensé pour que le petit paysan sénégalais abandonne les cultures vivrières qui nourrissent son pays pour y substituer des cultures d'exportation qui vont le projeter dans le grand bain mondial de la concurrence la plus impitoyable et la plus injuste.

L'Organisation mondiale du commerce est devenue l'« Organisation commerciale du monde ». Elle impose sa loi au monde. Elle provoque partout des éboulements de terrain. Elle fabrique de la richesse mal acquise et de la misère déracinée. C'est la loi du plus fort. On fait sauter toutes les protections régionales au profit d'un libre-échangisme absolu qui ne tient plus aucun compte de la *stabilité* sociale, non plus que des traditions locales, des modes de vie ancestraux, du rythme propre à chaque peuple et à chaque culture.

Il y a 1 milliard de paysans sur les routes du monde, ce sont les hordes de la misère. Cette loi d'airain du mondialisme conduit, en Europe, chaque jour, 500 paysans à quitter la terre et à rejoindre les villes; et elle provoque la mort de 5 000 habitants de la planète, qui meurent de faim sans aucun secours.

Ce saccage organisé prépare le grand cortège des déracinés, l'exode des miséreux: ils quittent leur pays et remontent vers le nord. Et nous voilà dans l'immense désordre, car les pays riches ne peuvent plus accueillir la misère du monde et rien n'est fait pour qu'en amont, dans les pays d'émigration, on cherche à retenir les populations affamées.

À l'échelle de mon département – qui, bien sûr, n'est pas à la dimension du problème – j'ai expérimenté ce qui me paraît être la seule voie possible du bon sens qui repose sur le binôme suivant : la *générosité* à l'extérieur, la *fermeté* à l'intérieur.

La générosité à l'extérieur

Le président du Sénégal s'est exprimé avec force, il y a quelques mois, en lançant le concept de *migration zéro*, appelant le volet correspondant dans les pays européens : l'*immigration zéro*. Il explique, avec bon sens, qu'il ne veut pas de « l'immigration choisie » chère au ministre de l'Intérieur français et qui consiste à choisir ses immigrés parmi les élites africaines formées sur place – « la traite des cerveaux ». Il conclut avec force : « Il est du devoir des pays africains de garder leurs ressortissants africains en Afrique, pour développer non pas l'Europe mais l'Afrique. Il vaut mieux aider au développement de l'Afrique avec les Africains plutôt que d'organiser le sauve-qui-peut des Africains hors d'Afrique. »

Ma politique, en matière d'immigration, est celle du président Wade et du président Kérékou.

Abdoulaye Wade s'est exprimé récemment, au nom de toute l'Afrique : « Je ne peux être d'accord pour une immigration proposée aux compétents et à ceux qui ont du talent. Les immigrés que veut Sarkozy sont les hommes dont j'ai besoin pour construire mon pays. Il est inacceptable que le Sénégal paie des bourses d'études pendant sept ans à des étudiants en médecine qui, ensuite, partent exercer en France. Cela, je ne l'admettrai pas. Qu'on se le dise, je suis pour la migration zéro[1].

1. *L'Est républicain*, 4 juin 2006.

Naturellement, il revient aux pays européens, et plus particulièrement à la France, par une coopération concrète bien conçue, d'apporter sa pierre au développement de l'Afrique.

En 1989, le Quai d'Orsay a autorisé, par la loi, les initiatives autonomes de coopération internationale décentralisée. Le département de la Vendée a été la première collectivité territoriale de France à mettre en œuvre un authentique projet international de codéveloppement. Son originalité repose sur cinq principes :

– le choix d'une palette de pays au cœur de la *francophonie* : le Bénin, Madagascar, le Liban, le Maroc ;

– une coopération orientée très largement vers les investissements de *formation* ou de *santé publique*, afin de fixer sur place une élite professionnelle précieuse ou de créer des réseaux de santé élémentaires pour tarir à la source les courants migratoires ;

– un calendrier des étapes ordonné autour de la transmission du relais aux *responsables locaux* ;

– un soubassement associatif à la coopération institutionnelle pour que les échanges humains et la coopération sur des projets communs soient toujours une coopération de *visage à visage*, et non pas une coopération de structures abstraites, guettée par la corruption ;

– un cadre *conventionnel* pour inscrire les actions dans la durée et fournir ainsi un instrument de mesure sur les résultats.

Cette coopération décentralisée a déjà donné des fruits inattendus :

– la convention entre le Service départemental d'incendie et de secours de la Vendée et la communauté urbaine d'Antananarivo a permis de professionnaliser les centres de secours, d'équiper en matériel et en vêtements d'intervention les sapeurs-pompiers malgaches et d'assurer leur formation ;

– au Maroc, le succès de l'Institut agronomique Hassan-II est dû notamment aux formations de techniciens en hydraulique rurale et de spécialistes de la valorisation des déchets. Une deuxième génération de projets est à l'étude pour une nouvelle convention 2007-2012;

– au Bénin, les réussites sont multiples: la création d'une base d'appui et de formation pour les réparateurs de cycles de Parakou est reconnue dans toute l'Afrique de l'Ouest. De multiples réseaux maillent désormais le territoire béninois: plusieurs centres de santé, un réseau de micro-entreprises pour les femmes, un réseau de dix ateliers de mécanique, un réseau de treize mutuelles de santé, etc. À l'occasion d'une séance de travail sur la troisième convention 2006-2011 bénino-vendéenne, une haute personnalité béninoise concluait: «Les Vendéens envoyés en mission au Bénin n'oublient jamais un principe fondamental: l'attachement à une terre est le moteur essentiel qui pousse une population à s'investir pour son avenir. Songez qu'il y a deux fois plus de médecins béninois qui exercent en Ile-de-France que dans tout le Bénin. J'ai trouvé, chez vous, des hommes et des femmes de grand cœur, à la fois ouverts sur leur Vendée natale, sur leur pays, la France, mais aussi sur le reste du monde. Nous avons réussi ensemble quelque chose d'extraordinaire: la Vendée est le Bénin de la France, et le Bénin est devenu la Vendée de l'Afrique.»

Je déduis de cette expérience couronnée de succès quelques principes simples qui pourraient être appliqués au niveau national: la France devrait lancer une grande politique de codéveloppement avec les pays francophones du tiers monde, visant à fixer les forces vives dans leur pays d'origine et à lutter contre une immigration contraire aux principes d'humanité les plus élémentaires. Car le déracinement est un drame inacceptable. La France doit donner l'exemple à tous les pays du monde. Sans doute, pour rendre lisible et visible cette grande politique et afin de l'afficher avec solennité, faudra-t-il créer un grand « ministère du Codéveloppement », exclusivement chargé de cette question et qui sera l'interlocuteur direct des pays du tiers monde, placé sous l'autorité directe du président de la République.

La fermeté à l'intérieur

Il faut être réaliste : le principe de la *migration zéro* recommandé par le président Wade ne résoudra que la moitié du problème, en décourageant les familles de quitter leur terre d'Afrique.

Il y aura toujours des clandestins qui tenteront leur chance. D'où le second principe qui doit venir compléter le premier : l'*immigration zéro*.

En d'autres termes, il faut être *généreux* à l'extérieur et *ferme* à l'intérieur. Et pour cela, il faut rendre le voyage inutile, c'est-à-dire confisquer les clés d'accès au paradis social français, en coupant les principales vannes d'entrée. Ce qui veut dire mettre fin aux privilèges exorbitants des migrants illégaux ; aujourd'hui, ils ont tous les droits, de l'*inscription automatique* à l'école jusqu'aux *soins gratuits* sans ticket modérateur. Il convient de leur supprimer ces droits indus.

En tant que président du conseil général de la Vendée, j'ai été surpris d'apprendre que la plupart des départements servaient des « allocations mensuelles d'aide sociale » aux étrangers en situation irrégulière.

La Vendée refuse d'accorder aux étrangers en situation irrégulière le bénéfice de ces aides. Car elles ont été créées à l'origine pour aider les familles françaises en difficulté à élever leurs enfants. Elles sont aujourd'hui détournées de leur affectation.

Les clandestins sont les gens les mieux informés du monde. Ils savent que la Vendée n'est donc pas, pour eux, une terre hospitalière.

À l'échelle nationale, l'urgence des urgences est bien sûr de *rétablir nos frontières nationales*. Mais il faut aussi mettre fin au regroupement familial – il se fera désormais dans le pays d'origine –, réformer le droit d'asile, réformer le droit de la nationalité pour qu'elle ne soit plus d'accès automatique, c'est-à-dire subordonner l'acquisition de la nationalité à une assimilation effective.

Et puis, il faut punir sévèrement les profiteurs du système, ceux qui créent un appel d'air en soutenant ou en utilisant les clandestins, les organisateurs de *filières* et les *employeurs de migrants illégaux*.

Enfin, il faudra oser dissoudre et poursuivre en justice les associations qui font profession de désobéissance civique, qui appellent à ne pas appliquer les lois et aident les clandestins à échapper aux expulsions.

Il conviendra de faire preuve de beaucoup de persévérance et de courage pour mettre en œuvre une telle politique.

L'immigration est une idéologie qui porte elle-même les plus grandes tensions à venir. Peu à peu, nos sociétés se désagrègent, se désintègrent.

La nouvelle immigration n'a rien à voir avec celle des Italiens, des Portugais ou des Polonais. Elle apporte, avec elle, une autre civilisation que la nôtre. Aujourd'hui – on le voit dans nos rues, nos écoles, nos hôpitaux, nos aéroports –, ce n'est pas l'immigration qui se francise; c'est la France qui s'islamise. Islamisation des quartiers, islamisation des esprits.

Or, partout où, dans l'histoire, une vieille société judéo-chrétienne s'est islamisée, les choses se sont toujours mal terminées. C'est difficile à entendre mais c'est mon devoir de le dire. Envers et contre tout.

Chapitre 9

La preuve ou la promesse

Aujourd'hui, nous voyons s'élargir la fracture territoriale ; nous assistons, impuissants, au chassé-croisé de deux France : une France congestionnée, invivable, et une France abandonnée, où la vie s'en va. La surconcentration urbaine d'un côté, la désertification rurale de l'autre. C'est la grande déchirure de notre territoire.

Je voudrais qu'à Paris, demain, on écoute enfin les trente mille communes rurales qui se sentent aujourd'hui délaissées pendant qu'on déverse des milliards d'euros dans nos banlieues.

Je préfère à l'ours slovène et au loup de Sibérie le berger catalan et l'instituteur savoyard.

Je veux défendre le bon sens, *remettre la France en ordre*, la remettre dans le bon sens. Et d'abord la remettre au cœur de nos préoccupations. Parce qu'elle est notre seul *cadre politique* possible et que, sans cadre politique, il n'y a *plus de politique*.

Certes, je pourrais rester chez moi, me mirer dans mes succès, en laissant à d'autres le soin de relever notre pays, avec le risque que personne n'accepte d'y consacrer une énergie vraie, gratuite, désintéressée.

Je pense souvent au mot de Montesquieu : « Si je savais quelque chose qui fût utile à ma famille mais nuisible à ma patrie, je ne le ferais pas. » La grandeur de la responsabilité publique ne consiste pas à apporter les *bonheurs privés*, mais à éloigner les grands *malheurs publics*. L'action locale évolue dans le *perceptible*, les résultats sont rapides et visibles; l'action nationale, peu gratifiante, évolue dans l'imperceptible, les résultats sont loin de la décision.

Mes deux vies se poursuivent. Ma troisième vie commence.

Personne ne peut plus se mettre à l'abri, sur une île protégée des tempêtes, dans une bergerie corse hors d'atteinte ou dans un réduit breton, à l'écart des agressions, en ces temps difficiles. On ne peut plus sauver un morceau de pays si la France va à vau-l'eau.

> «*Honte à qui peut chanter pendant que Rome brûle.*
> *Sauf à prendre la voix et la lyre de Néron.*»

Il y a le feu à la maison. Il faut accourir. Sinon le feu s'étendra. Il n'est plus temps de chercher à préserver un bout de France.

Je ne peux pas me satisfaire, me contenter, de mes réussites vendéennes, car elles éclairent, par un effet de contraste, la décadence de la France.

Depuis des années, rien ne change et tout se dégrade. Les alternances ne servent à rien, les élites mondialisées, sorties du même moule, proposent la même politique, fondée sur l'idée que la France n'est plus digne d'être défendue, qu'elle n'est plus nécessaire, que nous sommes entrés dans l'âge post-national et post-moral.

J'entends souvent, dans mes réunions, la fameuse question: «Mais comment ferez-vous pour faire passer vos réformes?» Ma réponse est simple. Pour pouvoir réformer, il y a deux conditions: la première, c'est «avoir le pouvoir». Si la France n'a plus vocation à la *puissance*, l'État n'a pas plus vocation à la *puissance publique*.

Et c'est ainsi qu'on laisse se disperser le pouvoir. Chacun le ramasse où il peut, dans la rue, les bureaux des lobbies, les enceintes extérieures de Francfort, Bruxelles, Genève.

Si les hommes politiques ont renoncé au redressement national, c'est parce qu'ils n'ont pas su oser frayer une voie française entre toutes les forces d'usurpation du pouvoir.

Car, aujourd'hui, le *pouvoir n'a plus le pouvoir*. Il est parti ailleurs. Il a été dilapidé, dispersé à l'encan, comme, jadis, les faisceaux à Rome, à des magistratures parallèles qui ont ainsi grignoté, chacune, une parcelle de la puissance publique. La première urgence est donc de *rapatrier le pouvoir*, de le remettre entre les mains du peuple.

Le premier rapatriement se fera aux dépens des puissances euro-mondialistes. Il ne faut laisser à Bruxelles que ce qui ne touche pas le cœur de la souveraineté. Il faut terminer le travail du 29 mai 2005, redéfinir l'Europe, dans son *périmètre* – sans la Turquie –, dans son *projet* – une coopération de nations –, dans son *architecture* – une Commission exécutante et non plus exécutive. Il faut faire l'Europe des patries, une Europe où les coopérations se multiplieraient dans trois domaines d'avenir : la recherche sur les nanotechnologies, la lutte contre le terrorisme, le combat pied à pied contre le réchauffement climatique. Le jour où les Français constateront que Paris a retrouvé la maîtrise des décisions sur la TVA, les OGM, les dates de la chasse, Natura 2000, le contrôle des frontières, la contrainte aura été desserrée. La confiance reviendra le jour où le pouvoir sera revenu.

Le second rapatriement du pouvoir entre les mains du peuple repose sur une nouvelle méthode de gouvernement « à la suisse » : la prise des grandes décisions par *référendum*. Il faut passer par-dessus les élites mondialisées et aller directement au peuple, sur tous les grands sujets lourds : l'éducation, la baisse des prélèvements fiscaux, l'immigration, etc.

Parallèlement, il faudra faire émerger un Parlement réellement représentatif, c'est-à-dire une Assemblée nationale qui représente vraiment la nation, dans l'ensemble des sensibilités qui se sont exprimées à travers la campagne référendaire. On ne peut continuer dans la voie actuelle de la schizophrénie, avec le Parlement du «oui» qui va dans un sens et le pays du «non» qui va dans l'autre.

Enfin, il faut avoir le courage de rétablir l'autorité de l'État, aujourd'hui échue entre des mains usurpatrices, qu'on appelle pudiquement les «minorités agissantes» et qui se comportent en démembrements de l'État. Ce sont les *féodalités* qui gouvernent, il faut les mettre au pas; notamment les féodalités du syndicalisme idéologique qui bloquent toutes les réformes, à partir d'un monopole scandaleux datant de 1946 et qui doit être aboli; il convient d'ouvrir la possibilité, pour tous les salariés, de se présenter au premier tour des élections professionnelles, ce qui favorisera l'émergence de syndicats vraiment représentatifs. De même, l'État doit protéger avec fermeté les salariés contre les minorités, en restaurant le droit du travail, en soumettant le droit de grève à un vote à bulletin secret, etc. À côté des féodalités syndicales, il y a les féodalités du CAC 40; on n'entend jamais la voix de ceux qui créent l'emploi, la voix des PME. Il est impératif que les PME soient représentées à l'Assemblée nationale. Et puis, il y a les féodalités du communautarisme, qui ont pris le pouvoir avec l'appui du ministre de l'Intérieur. L'autorité et l'unité de l'État, c'est le refus absolu d'un État dans l'État; il faut donc dissoudre le Conseil français du culte musulman, soumettre toute construction de mosquée à une charte républicaine draconienne.

La deuxième condition pour pouvoir réformer, c'est que l'État soit à nouveau respecté. Pour que l'État soit respecté, il faut que les élus soient respectables. Je propose la fin de toute amnistie politique, la suppression de toutes les immunités parlementaires ; tout homme politique condamné pour corruption doit être inéligible à vie.

Mais des élus respectables pour quoi faire ? Et pourquoi donc rapatrier le pouvoir si c'est pour ne pas l'exercer ? Si ce pouvoir n'a plus d'assise territoriale ni de consistance géoculturelle ? Si le patriotisme n'a plus d'objet parce que la patrie n'aurait plus d'avenir ?

La France nous manque. Elle manque au monde, depuis qu'elle a oublié sa mission, sa vocation de puissance d'équilibre et de contrepoids.

Et elle manque aux Français qui l'ont crue trop petite pour l'Europe et qui découvrent aujourd'hui que c'est l'inverse, que c'est l'Europe qui est trop petite pour la France.

Depuis plusieurs décennies, nos politiciens affichent une folle prétention : faire le bonheur des Français, assurer leur prospérité, mais sans la France.

Comment les Français pourraient-ils avoir un avenir si la France est réputée ne plus en avoir ?

Il faut donc sauver la France, aujourd'hui menacée par deux tentations mortelles, l'une qui agit par le haut, la tentation *mondialiste*, en brisant nos attachements vitaux, l'autre qui agit par le bas, la tentation *communautariste*, en dissolvant l'identité française.

Il faut affirmer haut et fort, envers et contre tout, que la France a un avenir et que le monde a besoin de la France, de son rayonnement, de sa grandeur et de son unité.

Mais il faut agir vite, en évitant deux écueils : le *pouvoir sans les idées*, quand on est trop pressé ; c'est l'écueil des *cyniques* ; ou, à l'inverse, les *idées sans le pouvoir*, quand, au fond de soi-même, on ne veut pas le pouvoir ; c'est l'écueil des *desperados*.

Moi, je veux le *pouvoir pour mes idées*, c'est-à-dire mettre *mes idées au pouvoir*. Je suppose que, parmi les lecteurs de ce livre, il y a deux catégories de Français : ceux qui ont été abusés par des rêves évanouis, des discours contredits, et qui demandent des *preuves* ; et ceux qui, malgré tout, écoutent les *promesses*, parce qu'ils se laissent encore bercer par les ivresses du verbe.

L'élection présidentielle offre, en quelque sorte, un choix entre la *preuve* et la *promesse*. La preuve que le redressement est possible, la preuve inscrite sur une portion du territoire, la preuve par les faits, la preuve incarnée, déclinée à travers des réalisations incontestables et des expérimentations concluantes. La preuve de ce qu'on a sous les yeux. La preuve, à une petite échelle, que le redressement est possible à une grande échelle. La preuve par l'échantillon réussi.

La *preuve* contre la *promesse*.

La *preuve*, cela signifie : « Je ferai là-bas ce que j'ai fait chez moi. Je ferai pour ma grande patrie ce que j'ai fait pour ma petite patrie. »

La *promesse,* cela signifie : « Je ferai, quand j'aurai le pouvoir, ce que je n'ai pas fait quand j'avais déjà le pouvoir. »

J'invite le lecteur à trier entre la parole et les actes. Méfions-nous de ceux qui remettent à demain ce qu'ils ont renoncé à faire hier et aujourd'hui.

La preuve est tangible, elle est un acompte de courage sur les bienfaits à venir. La promesse est illusoire, elle est un à-valoir de mots sur courage à venir. Il vaut mieux confier la France au courage prouvé qu'au courage promis.

Je me souviens de nos longues conversations, chez moi, avec Alexandre Soljenitsyne. Il me racontait comment Giscard s'était opposé à son exil en France, pour ne pas froisser Brejnev et la nomenklatura parisienne. Il décrivait les mécanismes dans *La Roue rouge*, il m'expliquait comment cette grande roue du malheur avait broyé l'intelligence du peuple russe, comment la peste rouge avait provoqué un véritable affaissement mental de toutes les élites. Sa conclusion était prophétique : « Nous, notre problème en Russie, ce n'est pas le manque de courage, qui avait été engourdi par la grande congélation soviétique, c'est l'intelligence mutilée d'un peuple qui a perdu la mémoire. Vous, votre problème, en France, aujourd'hui, c'est l'inverse : ce n'est pas un problème d'intelligence, un problème de compréhension du monde et de ses dérives. Il y a, chez vous, de belles, de grandes, de nombreuses intelligences. Non, vous, votre problème, c'est un problème de courage. »

Soljenitsyne avait raison : le temps n'est plus, en France, à l'intelligence, mais au courage.

Voici venu le temps du *courage français*.

Chapitre 10

UN RÊVE FRANÇAIS SUR LE MONDE

En dix-huit ans, la Vendée a beaucoup changé. Elle a changé dans le regard des autres et elle a changé de regard sur elle-même. Quand les Vendéens voyagent, ils ressentent de la considération pour leurs réussites ; et quand ils voyagent à l'intérieur d'eux-mêmes, ils mesurent le chemin parcouru. Cette mutation culturelle, qui s'est opérée au fil du temps et des succès obtenus, s'est appuyée sur deux itinéraires : un *retour* sur soi-même et une *projection* sur le monde. Le retour sur soi-même change la manière de regarder le monde autour de soi. La projection sur le monde change la manière dont le monde vous regarde et vous grandit à vos propres yeux. Il faut redonner aux Français *la fierté d'être français* ; et, en même temps, donner à la France de *nouveaux atouts de puissance*. Il faut penser la France comme un rêve sur le monde, qui soit à la fois tramé dans l'étoffe des songes comme pour toutes les nations, et tendu vers une promesse planétaire de générosité. Un rêve français, exprimant une tendresse pour nos héros et nos paysages – France des neiges et du sable chaud, France des tropiques et du Loir gaulois, France des géants et des genêts en fleurs –, la patrie *chérie* mais aussi la patrie *utile*, à partir de laquelle le monde prend le large, l'intelligence française au service des grandes causes et des grands défis de la planète. Car pour que, demain, la France reste de son temps, il faudra qu'elle ait un temps d'avance.

Ainsi les Français regarderont-ils la France avec tendresse mais aussi avec amour. Si le regard du monde sur la

France change, demain, le regard des Français sur la France en sera transformé. Redonner des atouts de puissance à la France, c'est lui permettre de demeurer une puissance mondiale, c'est-à-dire une puissance de contrepoids, pour l'installer dans la position d'un vis-à-vis planétaire de l'empire américain.

Le premier atout de puissance consiste à créer un *cercle géopolitique de la francophonie*; ce qui suppose de transformer la francophonie, qui est aujourd'hui un espace culturel, en une structure géopolitique mondiale. La langue française est la langue du *non-alignement*, la langue de tous les pays qui ne veulent pas s'aligner sur les puissants du jour.

La mondialisation est, sous bien des aspects, une américanisation du monde. Or, la langue est une arme et elle est en même temps un bouclier. Elle est le véhicule des richesses d'un peuple. L'hégémonie de l'anglais ne cesse de progresser, à partir de sa prétention à devenir la seule langue de communication internationale, voire la seule langue, dans un nombre croissant d'activités des différentes nations, y compris en France, dans les domaines scientifique, technique, industriel, financier et, de proche en proche, dans l'activité économique en général.

La résistance francophone doit donc exprimer le vouloir-vivre de toutes les langues du monde face à l'uniformisation des échanges par l'anglo-américain, la langue du «globish». Toutes les langues du monde sont en crise et la francophonie est emblématique de cette crise. L'univers mondialisé ne fait pas seulement la guerre au français mais à toutes les langues du monde, des langues bien souvent appauvries et dont la moitié a disparu au fil du dernier siècle. Il se parlait en effet deux fois plus de langues en 1900 qu'aujourd'hui.

Une grande politique de la francophonie devrait être menée d'urgence: la priorité des priorités est la création d'une *banque des terminologies françaises*, notamment dans la sphère des sciences et des techniques. Il faut absolument franciser l'ensemble de notre vocabulaire par un effort comparable à celui de la Renaissance face au latin scientifique et à l'hégémonie de l'italien de l'époque.

Il y a aussi une urgence à imposer l'obligation du français comme *langue de travail* dans les entreprises et les administrations. Comme l'a fait la Finlande, il faut, par exemple, que tous nos services publics renvoient les correspondances adressées en anglais par l'expéditeur bruxellois de la Commission européenne.

Cette grande politique doit inspirer l'ensemble de notre diplomatie. Il ne faut plus se contenter de donner à la francophonie un contenu seulement linguistique mais aussi politique, c'est-à-dire l'affirmer comme un partage, une solidarité entre nations et personnes de niveaux de vie et de couleurs différents. Avec des revendications précises : l'exception culturelle, l'exception agriculturelle, pour imposer l'idée que les produits culturels et les produits agricoles ne sont pas des produits comme les autres ; l'organisation du monde en zones de préférences commerciales régionales et non plus en un seul espace mondialisé, qui vient briser les attachements vitaux des peuples du monde. Face à l'Amérique, la France redeviendra ainsi, à partir des 220 millions de locuteurs de la langue française, un interlocuteur de poids équivalent, donc une puissance d'équilibre.

L'un des enjeux de demain pour la France est de relever le défi des grandes révolutions stratégiques de notre époque. C'est la volonté de ne pas passer à côté de ce défi qui motive mon deuxième grand projet.

Il y a maintenant plus de dix ans, les Américains ont entrepris de dépasser l'ordre classique de la dissuasion nucléaire en développant un outil stratégique proprement révolutionnaire, le bouclier anti-missiles. Il s'agit d'un outil d'une complexité phénoménale destiné à intercepter, à très haute altitude, les missiles à ogive nucléaire lancés sur le territoire des États-Unis. Bien sûr, la complexité technique d'un tel projet nécessite des années de développement, de réussites et d'échecs, et aussi un investissement financier considérable. Mais déjà, plusieurs essais d'interception ont été réalisés avec succès et l'on peut penser que, dans la décennie à venir, outre l'épée dont ils disposent actuellement, les Américains auront ajouté le bouclier anti-nucléaire à leur panoplie stratégique.

Pourquoi les Américains se sont-ils lancés dans une telle aventure ? Parce qu'ils considèrent, à juste titre, que tout avantage technique finit un jour par être dépassé par une nouvelle innovation et que les grandes nations ne peuvent éternellement faire confiance à la dissuasion nucléaire actuelle. Certains géants qui se réveillent – je pense à la Chine – auront la capacité, demain, compte tenu de l'immensité de leur territoire et de la multitude humaine que représente leur population, de survivre à une guerre nucléaire. Dans ces conditions, la dissuasion n'est-elle pas en train de devenir un leurre ? Les Américains pensent aussi que l'arme nucléaire proliférera de plus en plus dans le monde de demain et qu'aucun pays ne sera à l'abri de dangereux fanatiques parvenant à la tête de certains États nucléaires. On pense bien sûr à l'Iran, mais aussi au Pakistan, aujourd'hui miné par des islamistes conquérants et déterminés. Sans oublier les organisations terroristes internationales ! Certaines d'entre elles finiront bien par échapper aux mailles des filets anti-nucléaires. Ce sont elles qui représentent la vraie menace, car elles ne disposent pas de territoire et de population sur lesquels le principe de dissuasion puisse s'exercer. Elles peuvent donc passer à l'acte sans états d'âme.

Certes, aujourd'hui, le projet américain de bouclier anti-missiles contribue d'une certaine manière à aggraver la prolifération, car il encourage les Chinois et les Russes à moderniser leur épée nucléaire pour s'assurer demain qu'ils auront toujours la capacité de perforer le bouclier qui leur sera opposé. Mais, sur le plus long terme, on peut penser que le choix américain est visionnaire.

J'ai longuement réfléchi sur cette question du bouclier anti-missiles. Plusieurs spécialistes en France plaident en sa faveur, le premier ayant été Aymeric Chauprade dès 1999. C'est un très grand chantier pour la France. Pouvons-nous laisser une seule nation dans le monde abolir ce qui est le cœur de l'indépendance stratégique de notre pays, notre force de dissuasion ? Pouvons-nous laisser l'Amérique faire la course en tête de toutes les nations et continuer, sans limite, à vouloir transformer notre pauvre monde à sa propre image, sans être assurés de nos propres moyens d'indépendance ? Bref, est-il raisonnable de nous contenter de notre bonne vieille force de dissuasion stratégique, alors que la menace a changé de nature ? Serons-nous capables, avec nos sous-marins, de dissuader des terroristes ? Mais pour les frapper où ? Dissuaderons-nous des pays dont les gouvernements seraient tout à coup sortis de la rationalité, de cette rationalité qui a précisément empêché la planète de sauter durant la guerre froide ? Je suis convaincu que les outils de la guerre froide ne sont plus adaptés au monde d'aujourd'hui. La radicalisation du monde islamique est une menace extraordinaire. Mais elle n'est pas la seule. Imaginons demain que, se sentant assurés par leur bouclier, les Américains décident de renforcer plus encore leur volonté d'ingérence. Sur qui se vengeront les puissances islamiques ou asiatiques visées ? Sur la partie non protégée du monde occidental évidemment. Comme nous ne voulons pas nous ranger et nous abriter sous le parapluie anti-nucléaire américain, contrairement aux autres États européens, pour ne pas perdre notre modeste indépendance, celle que l'atlantisme et l'européisme s'emploient depuis cinquante ans à faire disparaître, alors, par quoi serons-nous protégés des foudres islamiques ou asiatiques ?

C'est un principe constant, dans toute l'histoire de l'humanité, que la survie des peuples ne doit dépendre que d'eux-mêmes. Je propose donc que la France, grande nation sur le plan des technologies de pointe, s'engage dans le développement d'un *bouclier anti-missiles national*. Quand je dis « national », j'entends bien toutes les parties de notre territoire, y compris, bien sûr, l'outre-mer. Chacun sait que la France n'est pas seulement une nation européenne ; par sa géographie, elle est une nation mondiale. Parce que nous sommes présents partout dans le monde, en Europe par la métropole, mais aussi dans les océans Atlantique, Pacifique, Indien et dans l'espace des Caraïbes, notre nation dispose d'un territoire suffisant pour développer ce programme qui nécessite des capteurs placés aux quatre coins du monde.

Imaginons que nous disposions d'un tel outil. Il pourrait devenir non seulement un outil européen mais un outil de protection pour des peuples d'outre-mer, et notre influence s'en verrait augmentée d'autant.

Au-delà de la sécurité qu'il apporterait, le bouclier anti-missiles serait donc un formidable démultiplicateur de puissance française. Il consoliderait *de facto* notre siège national au Conseil de sécurité de l'ONU, contesté à mesure que l'on s'éloigne de l'ordre de Yalta, en même temps qu'il renforcerait notre position en Europe pour soutenir une construction européenne qui doit être fondée sur l'*indépendance* européenne face aux États-Unis. Il consoliderait aussi la position mondiale de la France, grâce au parapluie régional qu'il pourrait offrir à des puissances amies dans le Sud.

Mais songeons aussi aux retombées économiques d'un tel projet. Tout le monde sait que le dynamisme de la croissance américaine repose pour partie sur l'effet de levier étatique. Là-bas, outre-Atlantique, ce qu'on appelle le « complexe militaro-industriel » est dopé par les quelque 500 milliards de dollars annuels que l'État américain investit dans le secteur de la défense. Là-bas, l'argent des contribuables n'est pas gaspillé comme il l'est en France par un État providence qui fonctionne comme un tonneau des Danaïdes ; là-bas, l'argent public contribue à alimenter le moteur de puissance américain. Ayons d'ailleurs à l'esprit que le seul effort de défense américain pèse autant que l'effort de tous les autres pays du monde réunis !

Voilà bien un domaine où l'investissement de l'État français ne serait pas perdu. Non seulement ce programme participerait à l'accroissement de notre puissance, mais il profiterait à des milliers de petites et moyennes entreprises françaises de secteurs innovants, comme c'est le cas aux États-Unis. Il y aurait là une occasion nouvelle de doper nos PME-PMI, première chance française d'un rebond de l'emploi. Voilà donc un projet sous impulsion étatique qui constituerait, bien plus que les micro-lois cosmétiques, une véritable relance de secteurs entiers de notre économie.

Mais combien faudrait-il dépenser d'argent public ? Il faudrait 1 milliard d'euros par an pendant une dizaine d'années. C'est deux fois moins que l'aide médicale d'État qui bénéficie aux clandestins, soignés sur notre territoire gratuitement et sans ticket modérateur.

Le monde change. L'Amérique diversifie sa panoplie d'épées et construit son bouclier protecteur. La Chine croît très vite et l'ensemble des systèmes de défense asiatiques s'améliore à vue d'œil. La Russie, qui engrange de fortes recettes grâce aux revenus énergétiques, a déjà commencé à moderniser son arsenal stratégique et sera très vite tentée de s'intéresser au bouclier anti-missiles. N'oublions pas que, durant la guerre froide, le seul bouclier anti-missiles qui pût exister en toute légalité internationale (dans le cadre d'un accord russo-américain, l'accord ABM) fut russe et déployé pour protéger Moscou. Quant au monde musulman, miné par l'islamisme, il inquiète tous les chefs d'État, à commencer par les dirigeants modérés du monde musulman eux-mêmes, comme la Tunisie ou le Maroc.

L'arme atomique voulue par le général de Gaulle a permis à la France, après le terrible échec de Suez en 1956, de retrouver une certaine indépendance en politique étrangère. La problématique est la même aujourd'hui, mais à l'épée il faut ajouter le bouclier.

Le troisième grand chantier géopolitique qu'il me paraît urgent d'ouvrir permettrait de faire de la France une *nation pilote dans le domaine de la sécurité écologique*.

Chacun sait que l'avenir écologique et climatique de notre planète est une source d'inquiétude pour tous les scientifiques sérieux.

La catastrophe climatique est devant nous. Il suffit d'énumérer quelques phénomènes spectaculaires que nous avons sous les yeux.

D'abord, il y a le *recul des forêts*. Ce sont les végétaux qui, avec les océans, permettent à l'eau de circuler entre la surface du globe et l'atmosphère : moins de forêts, cela signifie un *cycle de l'eau* modifié et donc davantage d'eaux ruisselantes, c'est-à-dire plus d'inondations. Mais ce sont aussi les végétaux qui fixent le dioxyde de carbone et rejettent de l'oxygène : moins de forêts, cela signifie alors un déséquilibre du *cycle du carbone* qui s'ajoute à celui causé par les émissions résultant de la formidable croissance de la consommation d'énergie fossile depuis la révolution industrielle. Chaque année, sur les quelque 6 milliards de tonnes de CO_2 rejetées par l'humanité, 3 milliards vont directement amplifier l'effet de serre dans l'atmosphère et l'autre moitié est fixée par les forêts... du moins tant qu'elles existent encore...

Car, après l'effondrement de la couverture forestière de l'Europe entre les Xe et XIXe siècles, c'est au tour des grandes forêts tropicales d'être menacées de disparition : autour de 2020 pour l'Afrique et l'Asie équatoriales, autour de 2040 pour l'Amazonie. La main de l'homme y est pour beaucoup, mais aussi les incendies de plus en plus fréquents et intenses, qui, eux-mêmes, résultent du changement climatique ! Depuis 1997, en Asie et en Amérique latine, ces incendies sont la cause première du recul des forêts d'Asie. Et, durant les vingt dernières années, la moitié des forêts d'Indonésie est ainsi partie en fumée.

Quelles sont les conséquences de ce phénomène récent ? À l'échelle globale, un dérèglement climatique bien sûr, qui amplifie lui-même la déforestation, par les incendies ; à l'échelle locale, la destruction programmée des États concernés. Il est paradoxal de constater que la construction de la souveraineté des États forestiers comme le Brésil, la Malaisie, les Philippines ou la Birmanie aura progressé, durant des décennies, au rythme de l'avancée des fronts pionniers de la déforestation ; mais, à mesure que la jungle forestière recule, croissent les jungles urbaines où viennent s'entasser des populations déracinées et exclues du développement. Pendant que l'Amazonie perd 2 à 3 millions d'hectares par an, le Brésil « gagne », lui, dans ses villes, des centaines de milliers de nouveaux exclus. La déforestation des États forestiers prépare les guerres civiles de demain.

Autre phénomène nouveau, la *fonte des glaciers*.

Lors du dernier épisode glaciaire, il y a dix-huit mille ans, le climat n'était en moyenne que de 5 °C plus froid qu'aujourd'hui : la calotte glaciaire enserrait la Belgique, et l'Europe était couverte d'une steppe froide qui atteignait les rivages de la Méditerranée. À l'inverse, on prévoit qu'à la fin du siècle, l'élévation moyenne de température sera comprise entre 1,4 °C et 5 °C, avec une probabilité forte pour 3 °C d'élévation moyenne, mais 10 °C d'élévation en Sibérie ou au Canada ! C'est ce phénomène d'élévation de la température particulièrement marqué aux pôles qui entraîne la fonte des calottes glaciaires. Au Groenland, l'épaisseur de la calotte diminuait de 1 mètre à la fin des années 1990 ; cinq ans plus tard, la vitesse de décroissance est passée à 10 mètres par an. Déjà 40 % de la calotte arctique a fondu.

Or, la disparition de la banquise nordique fraie la voie à une véritable révolution géopolitique : l'ouverture d'une route maritime directe entre le Japon et l'Europe du Nord d'une part, la formation d'une nouvelle Méditerranée russo-américaine, un espace maritime commun de circulation et d'échanges d'autre part. Avec des conséquences imprévisibles pour l'équilibre du monde.

À l'autre pôle de la planète, sur le continent antarctique, la fonte de la calotte, d'une épaisseur moyenne de 2000 mètres, provoquerait une révolution géopolitique sans doute d'une tout autre nature. À la différence de l'Arctique, ce ne serait pas un nouvel espace de circulation qui y verrait le jour, mais peut-être un nouvel espace de fixation humaine. Une nouvelle Amérique étendue sur plus de 10 millions de km^2, densément peuplée, et fondée par des millions de réfugiés en lieu et place de l'espace hostile que se partagent aujourd'hui une douzaine de souverainetés, comme la France, la Grande-Bretagne, l'Australie, la Nouvelle-Zélande, l'Argentine, le Chili.

Après la déforestation et la fonte des glaciers, c'est la variation du niveau des mers qui peut causer de véritables catastrophes à tous les niveaux.

Dans l'histoire de l'humanité, la variation du niveau des mers a déjà eu, au moins une fois, une conséquence considérable : il y a quelque dix mille ans, la dernière glaciation entraîna un abaissement du niveau des mers de 120 mètres qui permit aux populations d'Asie de passer en Amérique par le détroit de Béring.

Aujourd'hui, du fait de la dilatation de l'eau de mer qui résulte du réchauffement climatique et de la fonte des calottes glaciaires, c'est le contraire qui va se produire : une montée sensible du niveau de la mer dès 2010, et une élévation globale de 50 centimètres à 1 mètre d'ici la fin du siècle ! Les conséquences géopolitiques prévisibles sont énormes car plus de la moitié de la population mondiale vit sur des littoraux et 16 des 20 plus importantes mégalopoles sont au bord de la mer. Des États insulaires et archipélagiques, comme les Seychelles, l'île Maurice, les îles Maldives, disparaîtront ; le Bangladesh sera très largement submergé et ses populations fuiront vers l'Inde, ce qui provoquera de graves tensions ; une grande partie des côtes d'Afrique du Sud, d'Espagne et du Portugal seront submergées ; des villes seront quasiment menacées de disparition : en Afrique, Dakar, Lagos et Alexandrie ; en Asie, Shanghai, Bombay, Tokyo et Bangkok ; en Europe, Londres et Rotterdam ; en Amérique, Buenos Aires, Boston, New York...

On construira des digues, mais elles seront balayées par des tempêtes de plus en plus violentes et des raz de marée, comme aux Pays-Bas, qui seront peut-être définitivement rayés de la carte, ou en Californie, où les digues auront peu de chance de résister au dérèglement climatique. La France pourrait perdre d'ici à 2100 plus de 20 % de son patrimoine littoral, alors même que ses rivages sont déjà 2,5 fois plus peuplés que son territoire intérieur. Sans compter que la remontée des eaux salées dans les deltas des grands fleuves, comme le Gange ou le Nil, déstabilisera les agricultures vivrières en s'infiltrant dans les nappes phréatiques. La montée des eaux provoquera des migrations humaines gigantesques, sans doute de plus de 200 millions d'habitants avant 2030, peut-être un départ massif des populations néerlandaises ou anglaises vers l'Amérique ou l'Australie, et une fuite vers l'intérieur des terres des classes aisées abandonnant des mégalopoles littorales devenues trop dangereuses.

Hélas, il ne suffit pas d'évoquer les conséquences de la déforestation, de la fonte des glaciers, de la hausse du niveau des mers. Il faut encore mesurer les effets géopolitiques prévisibles des tempêtes et des extrémats de température, c'est-à-dire des chaleurs puis des froids extrêmes.

Températures extrêmes, tempêtes épouvantables, crues incessantes seront-elles le lot des Européens de demain, comme l'annoncent de nombreux experts ? En France, à partir de 2050, un été sur deux pourrait être plus chaud que celui de 2003 et les hivers pourraient avoir disparu avant 2080. Comment nos sociétés occidentales, de plus en plus fracturées sur le plan identitaire et social et où les discours nihilistes et apocalyptiques trouvent de plus en plus d'échos, affronteront-elles alors la dérive extrême du climat ? Certainement moins bien que les Chinois, dont l'État, depuis des millénaires, s'acquitte d'un Mandat céleste face aux catastrophes naturelles… Quand on sait combien la pluviométrie compte aujourd'hui dans la survie des régimes politiques d'Afrique du Nord face aux islamistes, on peut imaginer facilement les conséquences de l'effondrement attendu de la pluviométrie. Mais que feront alors nos sociétés face à l'afflux massif de paysans maghrébins ruinés ? Au sud de la Méditerranée comme au nord, radicalisation politique et radicalisation climatique iront sans doute de pair. Peut-être arrivera-t-il alors ce qu'un rapport confidentiel du Pentagone prédit pour la prochaine décennie : un départ massif des populations aisées d'Europe occidentale vers une Amérique presque toujours aussi riche mais devenue autarcique.

La sécheresse pourrait aussi ravager de nombreux pays. Après 2010, l'affaiblissement du Gulf Stream pourrait provoquer une chute dramatique des précipitations en Europe du Nord et y causer des périodes fortes de sécheresse mettant en péril les ressources agricoles du continent. Le même phénomène se produirait en Europe méridionale et en Afrique du Nord, provoquant l'exode de millions de paysans. En Chine, où 20 % de la population mondiale ne disposent que de 7 % des terres cultivables, la réduction de la mousson déstabiliserait la production rizicole tandis que l'avancée des déserts accentuerait l'effondrement agricole. Que deviendrait cette Asie des moussons, de la Chine à l'Indochine, où près de 2 milliards d'êtres humains vivent aujourd'hui autour de la culture intensive du riz ?

L'Europe, l'Asie et l'Afrique affronteraient un véritable défi alimentaire tandis que les continents américain et australien ainsi que la Russie, autosuffisants sur le plan agricole et énergétique, se refermeraient sur eux-mêmes. Partout où l'eau manque déjà, en Afrique, en Asie centrale au Moyen-Orient, les tensions entre États s'exacerberaient. D'énormes incendies provoqués par la sécheresse, aux États-Unis, en Amérique centrale, en Argentine, dans les pays méditerranéens, en Indonésie ou en Sibérie, viendraient accélérer la destruction des forêts et renforcer ainsi encore un peu plus l'effet de serre.

Dans un monde où 4 milliards d'êtres humains sur 9 risquent d'être assoiffés en 2050, comment ne pas imaginer le basculement de l'humanité dans d'effroyables guerres de ressources, pour les terres encore cultivables comme pour « l'or bleu », c'est-à-dire l'eau ?

Face à ces catastrophes annoncées, je propose donc de faire de la France une *nation pilote*. Car dans les années à venir, les armées de nombreuses nations vont être impliquées dans la gestion de ces catastrophes naturelles dues au bouleversement de notre écosystème et de notre climat. Pourquoi, alors, ne pas faire de notre armée la spécialiste, dans le monde, de ces questions vitales ? Pourquoi ne pas diriger dès aujourd'hui une partie de la formation de nos officiers dans cette direction, de telle sorte que les autres nations se tournent vers notre savoir-faire ?

Il s'agit de doter notre armée d'une expertise de pointe pour intervenir sur n'importe quel théâtre d'opérations en proie à une catastrophe climatique : incendie géant, typhon, cyclone, ville submergée, etc. En forgeant les outils logistiques et en imaginant les « plans-réponses » pour acheminer les secours, les vivres, les équipements, pour ouvrir les voies d'évacuation, pour fixer les populations et éviter l'exode, etc. Il faudrait, en même temps, engager une réflexion prospective sur les risques géopolitiques des changements climatiques à venir. La marine française, qui est notre première force de projection, serait ainsi confirmée dans ses missions sur toutes les mers du monde, au service du rayonnement français.

Je vois là, à travers ce projet, un dessein généreux conforme à l'idée que je me fais de la France, dont l'influence dans le monde en serait justement accrue. Si la France devenait incontournable pour la sécurité écologique planétaire, non seulement le monde entier pourrait prendre acte, une fois de plus, de l'universalisme français, mais le prestige de notre pays en serait renforcé.

Le regard du monde sur la France en serait transformé.

Le regard des Français sur la France en serait embrasé.

Il y aurait enfin un nouveau rêve français sur le monde.

Plus que jamais, le monde prendrait conscience que *la France est un besoin des hommes.*

Impression réalisée sur CAMERON
par BRODARD ET TAUPIN
La Flèche

pour le compte des Éditions du Rocher
en janvier 2007

Imprimé en France
Dépôt légal : janvier 2007
N° d'impression : 39341

Imprimé en France